ÖZGÜR BACAKSIZ

yaşamak sakinlik ister

DESTEK
yayınları

DESTEK MEDYA GRUBU

DESTEK YAYINLARI: 1476
KİŞİSEL GELİŞİM: 237

ÖZGÜR BACAKSIZ / YAŞAMAK SAKİNLİK İSTER

İmtiyaz Sahibi: Yelda Cumalıoğlu
Genel Yayın Yönetmeni: Ertürk Akşun
Yayın Koordinatörü: Özlem Esmergül
Editör: Özlem Esmergül
Son Okuma: Devrim Yalkut
Kapak Tasarım: İlknur Muştu
Sayfa Düzeni: Cansu Poroy
Sosyal Medya-Grafik: Tuğçe Budak - Mesud Topal

Destek Yayınları: Haziran 2021 (25.000 Adet)
26.-40. Baskı: Temmuz 2021
Yayıncı Sertifika No. 13226

ISBN 978-625-441-298-1

Abdi İpekçi Caddesi No. 31/5 Nişantaşı/İstanbul
Tel. (0) 212 252 22 42
Faks: (0) 212 252 22 43
www.destekdukkan.com
info@destekyayinlari.com
facebook.com/DestekYayinevi
twitter.com/destekyayinlari
instagram.com/destekyayinlari

Destek Dukkan

Deniz Ofset – Çetin Koçak
Sertifika No. 48625
Maltepe Mahallesi
Hastane Yolu Sokak No. 1/6
Zeytinburnu / İstanbul

DESTEK yayınları · KARAKARGA · BEYAZ BAYKUŞ · genç DESTEK

ÖZGÜR BACAKSIZ

yaşamak sakinlik ister

DESTEK yayınları

İÇİNDEKİLER

TEŞEKKÜR

Önce hayal eder, sonra da hayalin için mücadeleye girersin ve sonunda da sakinliği öğrenirsin. Çünkü her şeyin sonunda sessizlik ve sakinlik seni orada bekler.

Zor yolları aşıp güzel manzaralara kavuşmamı sağlayan, hayat içinde ufak mutluluklarla kendilerini benim hayatımda önemli kılan, bu süreçte yanımda olan:

Eşim Gözde Resuloğlu Bacaksız'a

Sevgili yayıncım Yelda Cumalıoğlu'na

Dostlarım Nabi Resuloğlu, Son Cengiz Aydın, Kinsun', Atakan Gülgar, Hakan Aydın, Mert Domruk'a

Kardeşim Onur Bacaksız, Mehmet Ali Kılınç'a

Ağabeyim Dr. Ferhat Bacaksız'a

Şila Servet Yıldız, Anette Inselberg, Melda Kamhi Kosif, Mümin Sekman, Eddi Anter, Aybike Ertürk, Özgür Güvenç, Ünal Koçak, Dr. Uğur Horoz, Av. Onur Demirceylan, Mimar Yunus Karataş, Özlem Esmergül, Sibel Sezer, Erdem Boz, Çağlar ve Nesrin Öz, Selda Terek, Tuğba Sarıünal, Hicran Tülüce, Yılmaz Şener, Miraç Çağrı Aktaş, Mesud Topal, Tuğçe Budak, İlknur Muştu, Suzan Turan, Leyla ve Ali Bayır, Ezgin Kılıç, Ayşe Aslı Bozdağ'a

Geleceğin duygulu ve umutlu çocukları

Robin, Zeynep, Eren ve Duru'ya

Bir ömür teşekkürler...

-I-

Yavaşlarsam kaybeder miyim?

Sosyal mesafelerin açılmasıyla, rutinlerin baştan sona bozulması ve ekonomik belirsizliklerin artmasıyla daha derin kaygılara, endişelere ve korkulara gömülen yeni dünyada alınan her yeni kararın, atılan her yeni adımın, her yeni fikrin, girişimin, düşüncenin ve aslında her yeni hayalin bile çok daha büyük bir önemi var.

Dışarıdan bakınca bu durumda ihtiyacımız olan şeyler, her ne kadar hız, güç ve strateji gibi görünse de aslında tam tersi...

Dünyanın muhtaç olduğu büyük kudret, sakinliktir sadece...

Hayatın iniş çıkışlarının yanı sıra gelecekle ilgili belirsizliklerin giderek daha da artması, ister istemez hepimizi telaşa, acele etmeye, atik davranmaya, daha çok düşünmeye, daha çok çabalamaya ve daha çetin bir mücadeleye girişmeye zorluyor...

Hızlı olan, erken davranan, temposunu yükselten ve hiç durmayanlar ancak hayatta kalabilirmiş gibi bir hisse kapılmıyor musun bazen sen de?

"Eğer yavaşlarsam ya da durursam kaybederim" düşüncesi seni de esir almıyor mu, aklını karıştırmıyor mu? "Hayat eskisinden çok daha zor artık, daha çok çalışmalıyım, daha çok koşturmalıyım, başka yeni şeyler yapabilmeliyim, yeni fikirler üretip hayata geçirebilmeliyim, başka yollar açabilmeliyim" kaygısı gelip yerleşmiyor mu içine?

Sanki sadece çok koşanlar, erken davrananlar kazanıyormuş gibi gelmiyor mu?

Oysa telaş, hız, endişe ve acelecilik sadece zaman kaybettirmekle kalmaz, yanlış kararlara ve yanlış adımlara da neden olur.

Aceleciliği önceliğimiz gibi algılıyor olmamız bizi bütün doğrulara ve iyilere karşı geciktiriyor. Üstelik sağlığımızdan ve psikolojimizden çaldıkları da cabası...

Yaşadığımız her deneyim bizde sayısız duyguya, dolayısıyla sayısız tepkiye yol açabilir. İhtiyacımız olan sonucu bize kazandıracak olan inişli çıkışlı duygularımıza verdiğimiz anlık tepkiler ya da anlık kararlarımız değildir, sakinliğimizin içinde durup beklemeye devam eden ustalığımız, benliğimiz, bilgeliğimizdir.

Sakinliğin içindeki yaratıcılığı, sağduyuyu, bilgeliği ve iyiliği keşfettiğimizde sadece yaşam kalitemiz yükselmeyecek, aynı zamanda anlam, değer ve mutluluk deneyimimiz de artacak.

Sakin kalmak, aklın ve ruhun hem daha doğru, daha düzenli çalışmasına hem de sağlıklı kararlar almasına imkân tanımaktadır.

Yaşamın günlük stresiyle ve gerginliğiyle hareket etmek, tepkiler geliştirmek, reaksiyon göstermek ya da kararlar almak, ne yazık ki hatalara, pişmanlıklara ve geri dönüşü bazen pek de mümkün gibi görünmeyen sonuçlara yol açar.

İnsan hatalarının önüne geçmek, huzurlu bir hayat yaşamak, doğru adımlar atmak, mutlu olmak, nitelikli ve kalitesi yüksek bir yaşam sürmek istiyorsa sakinliğin içindeki gücü keşfetmelidir.

Unutma ki sakinlik hayata karşı yeni bir bakış açısı kazandırır. Sakin insan, detayları ve detayların içindeki değerleri fark edebilen insandır. Çünkü sakinlik detayların ortaya çıkmasına imkân tanır.

"İnsan ne kadar
sakin olursa, başarısı,
etkisi ve iyilik için
gücü o kadar artar.
Zihnin sakinliği,
bilgeliğin güzel
mücevherlerinden
biridir."

– James Allen

Yaşamak Sakinlik İster

Şunu hiç unutma:
Yaşamak, sakinlik istiyor.
Öğrenmek, sakinlik istiyor.
Sevgi, sakinlik istiyor.
Anlamak, sakinlik istiyor.
Karar vermek, sakinlik istiyor.
Risk almak, sakinlik istiyor.
Sakin değilsen, yorulursun.
Sakin değilsen kaybolursun.

Sakin değilsen attığın hiçbir adım, aldığın hiçbir karar sana ait değildir. İşin içinde sakinlik yoksa, kaos vardır, telaş vardır, acele vardır, kaygı, korku ve güvensizlik vardır.

Sakin değilsen her şeyi senin adına duyguların yapmıştır. Her an, sürekli değişen ve hep değişmeye devam edecek olan duyguların... Anbean değişkenlik gösteren duygularına hayatının baht dönümü sayılabilecek kararlarını emanet edebilir misin?

Yaşamının yönünü değiştirebilecek kadar güçlü ve değerli adımlarını, anbean değişmeye devam edecek olan duygularının inisiyatifine bırakabilir misin?

Hayır...

Sakinleştiğin an ortaya çıkan gerçek benliğinle yürümeye devam etmelisin, o sadece bir kez yaşayabilme hakkına sahip olduğun mükemmel hayatını...

Unutma, hayat sana bir fırsat olarak sunuldu, kaos olarak değil... Hayatını kaosa dönüştüren aceleye, telaşa, paniğe, belirsizliğe, kaygıya düştüğün, duygularının hükmü altına girdiğin anlardır. Yani sakinliğinden fersah fersah ayrı düştüğün anlar...

"Tüm belalar,
yalnız ve
sakin kalma
yeteneğimizin
olmayışından
gelir başımıza."

– Jean de La Bruyere

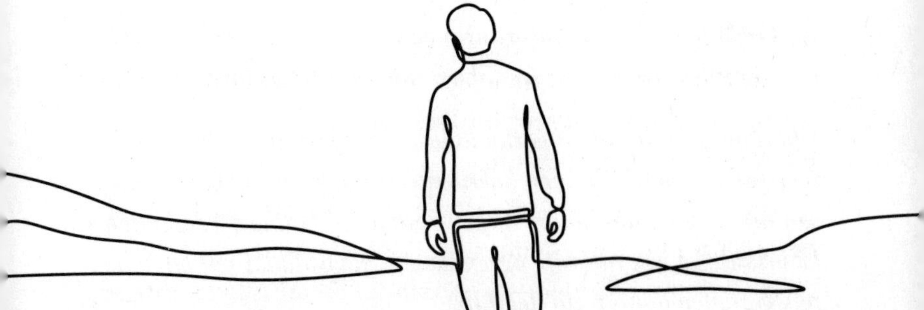

"Gürültü patırtının ortasında sükûnetle dolaş, sessizliğin içinde huzur bulunduğunu unutma. Başka türlü davranmak açıkça gerekmedikçe herkesle dost olmaya çalış. Sana bir kötülük yapıldığında verebileceğin en iyi karşılık unutmak olsun.

Bağışla ve unut.

Ama kimseye teslim olma. İçten ol, telaşsız, kısa ve açık seçik konuş. Başkalarına da kulak ver. Aptal ve cahil oldukları zaman bile dinle onları; çünkü, dünyada herkesin bir öyküsü vardır.

Yalnız planlarının değil, başarılarının da tadını çıkarmaya çalış. İşin ne kadar küçük olursa olsun ilgilen; hayattaki dayanağın odur. Seveceğin bir işi seçersen yaşamında bir an bile çalışmış ve yorulmuş olmazsın.

İşini öyle seveceksin ki başarıların bedenini ve yüreğini güçlendirirken verdiklerinle de yepyeni hayatlar başlatmış olacaksın.

Olduğun gibi görün ve göründüğün gibi ol. Sevmediğin zaman sever gibi yapma. Çevrene önerilerde bulun ama hükmetme. İnsanları yargılarsan onları sevmeye zamanın kalmaz. Ve unutma ki insanlığın yüzyıllardır öğrendikleri, kumsaldaki tek bir kum taneciğinden daha fazla değildir.

Bazı idealler o kadar değerlidir ki o yolda mağlup olman bile bir zafer sayılır. Bu dünyada bırakacağın en büyük miras dürüstlüktür. Yılların geçmesine öfkelenme; gençliğe yakışan şeyleri gülümseyerek teslim et geçmişe.

Yapamayacağın şeylerin yapabileceklerini engellemesine izin verme. Rüzgârın yönünü değiştiremediğin zaman, yelkenlerini rüzgâra göre ayarla. Çünkü dünya, karşılaştığın fırtınalarla değil, gemiyi limana getirip getiremediğinle ilgilenir.

Ara sıra isyana yönelecek olsan da hatırla ki evreni yargılamak imkânsızdır. Onun için kavgalarını sürdürürken bile kendi kendinle barış içinde ol.

Hatırlar mısın doğduğun zamanları? Sen ağlarken herkes sevinçle gülüşüyordu. Öyle bir ömür geçir ki herkes ağlasın öldüğünde, sen mutlulukla gülümse. Sabırlı, sevecen, erdemli ol. Eninde sonunda bütün servetin sensin."

– Eski Bir Tapınak Yazıtı, Xsentius (İÖ 9. yüzyıl)

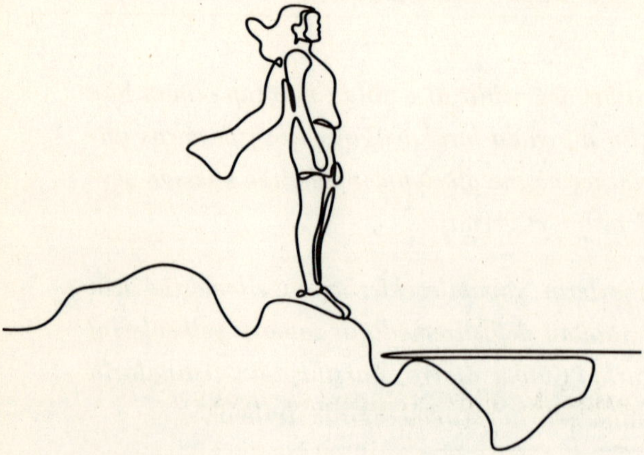

"Tüm insanlığın mutsuzluğu
bir şeyden kaynaklanır:
Bütün mesele insanın
bir odada nasıl ayakta
kalacağını bilememesidir."

– Pascal

-II-

Bir anlık sakinlik, dünya telaşından yeğdir

Hemen şimdi gerçekleşmesini istediğin ne çok şey var aslında değil mi?

Hatta bir an evvel gerçekleşmesi için çabaladığın, koşturduğun, oldurmaya çalıştığın şeyler var.

Sadece hayallerinden, ideallerinden, hedeflerinden, gelecekten söz etmiyorum. Mesela bugünkü toplantı bir an evvel başlasa da bitse istersin, bugünkü koşturmaların bir an evvel olsun sonlansın istersin, şu trafik hemen bitse keşke de artık evinde yemeğini yemiş televizyon karşısında dinleniyor olmak istersin ve sen bütün bunları ne kadar çok ve ne kadar çabuk arzu ettikçe, bu yolda stres ve telaş içinde ne kadar çabaladıkça "bir an evvel" olup bitmesini istediğin bütün işler daha da uzar, daha da gecikir, daha da zorlar ve hiç bitmeyecekmiş gibi görünür.

Halbuki biter...

Ancak sürecin içinde "sakinlik" hali olmadığı için seni hep daha çok zorlayarak, yorarak, endişelendirerek, canını sıkarak, hatta belki canından bezdirerek biter. Hayat freni boşalmış bir tır kadar sert ve güçlü şekilde üzerinden geçmiş gibi hissedersin.

Üstelik "nedense" hiçbir şey istediğin gibi, hedeflediğin gibi de gerçekleşmemiştir.

"Bütün bunların daha iyisi olabilirdi" dersin.

Bunlar sadece işin görünen kısmı... Bir de stresin içindeyken gözden kaçırdığın, ıskaladığın olağanüstü fırsatlar ve detaylar var. Hayatının akışını değiştirebilecek kadar değerli ihtimaller, önemli adımlar, önemli kararlar...

Bir türlü yoğunlaşamadığın o toplantıda gözden kaçırdığın detayların içinde sayısız olumlu ihtimali nasıl ıskaladığını belki hayatın boyunca anlayamayacaksın.

Sakinlik, detay demektir aynı zamanda. Ve unutma ki farkı yaratacak olan da yine detaylardır. Çünkü detayda fırsat vardır.

Detayda çözüm vardır. Çare vardır, yaratıcılık vardır, fikir vardır. Detayda dinginlik vardır, dinginlikte bilgelik, bilgelikte anlam ve değer vardır.

Peki detay nerede ortaya çıkar, nerede fark edilir olur?

Elbette sakinlikte ve sessizlikte...

Sakinlik, artık yaşamının olağan haline dönüştüğünde lüzumsuz yere hiçbir strese, kaygıya, paniğe, öfkeye, kazaya, çatışmaya ve içsel hezeyana hamallık etmezsin. Böylece hayat berraklaşır, temizlenir. Hayatını da, etrafını da, olmakta olanı da hatta olabilecek ihtimalleri de daha sağlıklı izleyebilir, bu sayede çözümcü de olabilirsin. Sakinliğin sana sunacağı en değerli armağanlardan birinin çözümcülük olacağını hep hatırla.

Çağımızın insanı hıza kurban gitti. Hız çağında yitirdiğimiz en güçlü insani kabiliyetlerimizden biri çözümcülük (*çözüm odaklılık*) oldu. Neden hızın içinde yitirdik çözüm odaklılığı? Çünkü hızlıyken sakin kalamayız. Hızlıyken çarelerden, çözümlerden, detaylardan ve fırsatlardan uzağız. Hızlı olduğumuz için yapabileceğimizin en iyisini aslında yapamıyor oluruz. Böylece kendimize çelme takmış oluruz aslında ama farkında bile değilizdir.

Hızlıyken durması gerektiğini, çareler ve fırsatlar bulabilmek için biraz yavaşlaması gerektiğini çoğunlukla unutur insan. Öyle hızlı, telaşlı ve kaygılı bir yaşam koşturmacası içindedir ki zihnindeki bilgelik onu biraz yavaşlaması gerektiği yolunda uyarsa da işitemez. Durmayı da düşünmeyi de unutur. Onu hayatta tutan şeyin bir anlık "duraksaması" olduğunu hatırlamaz.

Son süratle giden bir aracın içinde olduğunu düşün lütfen. Yanından geçtiğin ağaçları, tepende uçan kuşları, manzarayı, etraftaki insanları ne kadar hatırlayabilirsin ki? Kuşların renklerini, ağaçların meyvelerini, insanların yüzlerini göremezsin bile. Hızla akıp giden tek renkli şeritlere dönüşür hepsi... Oysa her birinin sende bir karşılığı vardır. Durup baktığında ilhamla, fikirle, eylemle dolup taşmana önayak olabilecek sayısız karşılığı vardır hepsinin sende. Ancak sen öylesine hızlı bir aracın içindesin ki hayatının baht dönümlerinde köşeyi tutacak kıymetli deneyimler ve fırsatlar, bulanık bir yol şeridinden fazlası değildir senin için. Hiçbiri hiçbir şey ifade etmiyordur.

Oysa hayat mola vermektir. Çünkü o kısacık molalar çarelerle, fırsatlarla, ilhamla ve fikirle doludur.

Neyin telaşı içindesin bir düşünsene?

Neyi kaçırıyor olabilirsin?

Neyi ıskalamaktan korkuyorsun?

İyi düşün...

Hayat bu! Aksilikler olur. Akla gelmeyenler gelir başa... Mümkündür tabii...

Ve sen paniklemediğinde, koşturmadığında, hızlanmadığında hiçbirinin çaresi bulunamayacakmış gibi düşünürsün. Oysa sen kaygılandıkça ve hızlandıkça aradığın çarelerin hızla önünden geçip gidersin. Tıpkı az önce örneğini verdiğim süratli aracın içindeyken etrafındaki canlı ve taze hayatın bir yol şeridine dönüşerek tek çizgide akıp gitmesi gibi...

Khilon'un şu sözünü hep hatırla:

"Aşırı hızlı gitme, her şey yerinde ve vaktinde güzel."

Her şeyin vakitlisi lazımdır insana... Sakinliğin içindeki bilgelik lazımdır. Sakinliğin ortasında durup bekleyen çareler lazımdır.

İnsan her ne kadar hırsının ve hızının sayesinde çözümler bulduğunu düşünse de aslında doğru kararlar ve güçlü çözümler sakinliğin kalbindedir.

"Koşmayı bırakan varıyor
Aramayı bırakan buluyor."

İnsanın ihtiyacı olan fikirler, fırsatlar, detaylar, yaratıcılık, çözümcülük ve ilham sessizliktedir, sakinliktedir. Kalp ve zihin, ancak sessizken işbirliği yaparlar. Ne kalbindir hayatının yöneticisi ne de zihnin... İkisinin eşsiz ve mükemmel işbirliğini sağlayan tek güç sensindir. Hayatının yöneticisi bizzat kendinsindir.

Elbette gürültünün, kargaşanın ve kaosun ortasında bulunuyorken güç ve anlam bulmak emek ister. Çünkü gürültü ve kaos, seni kendi sesine sağır bırakır ve sen sessizliğini bulmak için bilinçli bir tercih yaparsın önce. Yani sakinlik kendiliğinden olmayabilir. Uzun süre şiddetli strese, hıza, hırsa, telaşa, aceleye, korkuya, kaygıya maruz kalmış insanlar kendiliğinden ulaşamayabilirler sakinliğe... Sakinliği kabullenmeleri, sindirmeleri, sükûneti yaşamaya başlamaları zaman alabilir. Bu yüzden sakinliği bilinçli şekilde seçmeleri ve bu uğurda emek vermeleri gerekir. İlerleyen bölümlerde anlattığım her şey aslında hep sakin kalabilmek için vermemiz gereken emeğin ne olabileceğini tarif ediyor aslında.

İçindeki bilgeliği ihmal etme. Sakinliğinin ve sessizliğinin içinde bekleyen bilgeliğinle ve sağduyunla tanış. İçsesini sana fısıldayacak olan bu bilgeliktir işte...

İçsesin, sana yapman gerekeni de yapmaman gerekeni de fısıldar muhakkak. Rehber olarak tercih edilmesi gereken en kıymetli güçtür. Oysa insan hep dışarıdaki seslerin rehberliğine ihtiyacı olduğunu düşünür. Kendinin yetersizliğine inanır içten içe... Başkalarının rehberliğini, kendi içsesinin rehberliğinden ve yine kendi sağduyusunun adalet terazisinden çok daha değerli bulur.

Büyülemek için başkaları tarafından büyülenmeyi seçer önce. Başkalarından etkilenmeyi daha çok önemser. Oysa en büyük yanlışlar, yabancılaşmalar başkalarının rehberliğine teslimiyetle başlar. Sadece başkalarından da söz etmiyorum. Dışarıdaki koşullardan, dışarıda yaşanan olaylardan ve durumlardan da söz ediyorum.

Koşulların tesiriyle alınan kararlar, koşulların kararlarıdır, senin değil...

Koşulların tesiriyle atılan adımlar, koşulların adımlarıdır, senin değil...

Dışarıdaki seslerin tesiriyle gerçekleştirilen eylemler, dış seslerin eylemleridir, senin değil...

Kendi kararların, kendi adımların, kendi eylemlerin, sakinliktedir.

Anlam ve anlayış da yine sakinlikte gizlidir. Kalabalıkların gürültüsünden rehberlik almak yerine, sakinlikte bekleyen içsesinin rehberliğini tercih etmek, hayatın boyunca yaptığın ya da yapacağın en değerli seçimlerin olacaklardır.

Elbette her sesin kendi içinde barındırdığı bir değer olabilir. Yine de herkese iyi gelecek olan kendi sükûnetinden yükselen kendi içsesidir.

Sakinlik; yaratıcılıkla bunaltıcı yalnızlık arasındaki nakış, dikmeyi ve koparmayı sevenler arasında bir dengedir aslında.

Kaosun gürültüsüne maruz kalırken içsesimizin rehberliğini alabilmek için sakin kalmayı tercih ediyor olmalıyız.

İçimizde şarkı söyleyen kuşun cıvıltılarına kulak vermeliyiz. Elbette milyarlarca sesin milyarlarca sese karıştığı bu hızlı ve gürültülü çağda sessizliklerin cep telefonlarıyla bile hemen sonlanabilme ihtimali çok ama çok yüksek... Bu yüzden sessizliği ve sakinliği yakalamak bilinçli ama değerli bir seçim sayılacak.

Nasıl mı olacak?

- Kalbimizle tam bağlantı kurarak
- Başka akılların ve başka fikirlerin tuzağına düşmeyerek
- Sakinliği tercih ederek
- Zihnimizdeki endişeler ve kaygılar çöplüğünden kurtularak
- Hız tuzağına düşmeyerek
- Dışımızda gerçekleşen koşulların tesiriyle kararlar almayarak
- Dışımızda gerçekleşen koşulların tesiriyle adımlar atmayarak
- Sonuçsuz çabalara düşmeyerek
- Olanı olduğu haliyle görüp anlama kabiliyetimizi geliştirerek

Unutmayalım ki herhangi bir durum, olay ya da hal karşısında hırslanmak, onun bir an evvel olması ya da sonlanması için hızlanmak, tempoyu artırmak olan o duruma ya da olaya karşı körleşmemize neden olur.

Düşünülmeden söylenmiş sözlerin pişmanlıklara yol açması, düşünülmeden atılmış adımların "Keşke o adımlar hiç atılmamış olsaydı..." hissi yaratmasının tek sebebi hızdır. Buna karşılık tek çaresi de sakinliktir. Sakinlik eldeki en büyük nimettir. Bu nimete kendini açtığında ve alabildiğine bu nimeti yaşamaya başladığında hayatın aslında ne kadar basit ve hafif yaşanabilecek bir tecrübe olduğunu anlayacaksın.

Sırtında taşıdığın somut yüklerinin yanı sıra, hayalet yüklerine de uzun zamanlar hamallık etmiş olduğunun farkına varacaksın. Bu uyanışa ulaştıysan eğer, işte o zaman bilgelik çağını sürüyorsun demektir.

-III-

"Onunla savaş, bununla mücadele et derken,
sonunda hayatından oluyorsun."

– Yu Hua

"Hayatın kazananı kimdir?" diye sorsalar "Savaşmayandır!" derim.

Kendiyle, etrafıyla ve hayatla savaşmayı bırakmış, bunların hepsiyle barışmış ve yine hepsiyle işbirliği yapmayı tercih etmiş olan kişidir hayatın kazananı...

O aslında bir "kazanan" olarak bile görmüyordur kendini. Çünkü kazanmanın içinde bir kaybeden vardır. Hayatla barışmış olanın ne kazananı vardır ne kaybedeni...

Kimseyle ve hiçbir şeyle yarışmayandır o.

Hırsa kapılmayandır.

Hız tuzağına düşmeyendir.

Durandır, izleyendir, görendir, düşünendir, demlendirendir, yaşayandır, "an"dadır, "an"dır.

O kendindedir, kendi gibidir, çözümcüdür, sakindir.

Hırs, başkalarına odaklamakla ilgili bir süreç... Çareyi dışarıdaki seslerde aramakla ilgilidir. Kendini yaşayan sakin insan, hep kendi bahçesindedir. Kendi bahçesinin toprağıyla, kendi toprağının nimetleriyle birliktedir. Sakindir, sessizliktedir, huzurda, mutlulukta ve tatmindedir.

Sakin insan, yaşamda tatmin bulan insandır, bu yüzden sükûnet içinde barış halinde yaşar. Başkalarına değil, kendine odaklıdır. Kimsenin bahçesinde gözü yoktur.

Başkalarının bahçelerine odaklı yaşamanın yorucu, yıpratıcı ve uzun vadede yok edici bir tutum olduğunu ancak sakinliğin içindeki bilgeliğiyle fark edebilir insan.

Sakinliği bulacağın tek bir yer vardır sadece...

Mümkün mertebe hep o yerde kalmaya özen gösterdiğinde, sükûneti yakalaman meselesidir.

Orası senin kendi benlik alanındır.

Kendi sınırlarındır.

Dört yanı sessizlikle çevrili kara parçandır.

Seni sen yapan bir benlik adasıdır.

Nevi şahsına münhasır olduğun noktadır.

Kimse için başkası olmak zorunda kalmadığın yerdir.

Yavaşlamaktan korkmadığın yer...

Orası, yavaşladığında sana güç ve potansiyel kazandıracaktır.

Şiddetsiz Mücadele

"Hakikat gücü" ya da "gerçeğe bağlı" anlamına gelen "satyagraha" bir felsefi akımdır. Şiddetsizliğe dayalı bir direnişi destekler. Kötülüğe karşı kararlı ama şiddet içermeyen bir direniştir.

Hindistan'ın ve Hindistan Bağımsızlık Hareketi'nin siyasi ve ruhani lideri Mohandas Karamçand Gandi'nin öncülüğünü yaptığı bu felsefi akım, Hint halkının İngiliz emperyalizmine karşı direnişinin en güçlü kılavuzu olmuştur.

Gandi, hayatının her alanında her zaman sessiz bir mücadeleyi, sakinliği ve şiddetsiz bir barışı dile getirmiştir.

Satyagrahaya göre barış ve sevgi; insanın ruhunda gerçeği arayarak ve titiz bir benlik sürecinden geçerek kötü bir durumun gerçek doğası hakkında doğru kavrayışı elde ederler.

Satyagraha felsefesine göre kötülüğe direnirken o kötülüğün kendisine dönüşmemeliyiz. Yani hiçbir kötülükte kötü olmamalıyız. Ne olursa olsun gerçeğe, tüm tevazumuzla ve ruhumuzla cevap vermeliyiz. Bu elbette kötülüğe boyun eğmek, kötülüğe bütünüyle teslim olmak demek değildir. Hakikate bağlılık esastır. Kötülüğe şiddetle karşılık vermeden de direnmek mümkündür. Gandi de İngiliz emperyalizmine karşı Hint halkıyla tam da böylesi bir direniş göstermiştir.

"Barışa giden
yol yoktur, barışın
kendisi bir yoldur."

– Gandi

İnsan, şiddetten uzak bir direnişi tercih ettiğinde, savaşmaktan ve hırsa dayalı mücadeleden uzaklaştığında; bilgeliğe, sükûnete ve olgunluğa yaklaşacaktır.

Hayatının her alanında sürekli çatışma, rekabet, hırs, hız, telaş, stres ve mücadele içinde ilerleyen insan yorgundur. Yorulduğu için hızı kesildiğinde sadece bir duygu büyük ölçüde ortaya çıkacaktır, işleri daha da içinden çıkılmaz bir hale sokacaktır.

Öfke!

Hızlı insan önünde sonunda yorulur. Ancak hırsı ve hızı kendi içinde hız kesmediği için yorgunluğuna rağmen aynı yüksek tempoda hayatına devam eder. Çünkü ancak yüksek tempolu, atik ve cevval olduğunda hayatta kalacağına sonsuz bir inançla bağlıdır. Zihni, bedeni ve ruhu çok uzun yıllar maruz kaldığı bu hız tuzağından dolayı küçücük de olsa yavaşlama gösterdiğinde, paniğe kapılacaktır. Çünkü o "Durursan ölürsün!" diye inanmaktadır. Yavaşlamak ya da durmak düşüncesi bile yaşadığı korku yüzünden öfkeye kapılmasına yetecektir.

Öfke; sadece hayatı, sosyal ilişkileri, iletişimi, düzeni değil, aynı zamanda sağlığı da tehdit eden yıkıcı bir güçtür.

Hızlı insan öfkelidir. Her an patlamaya hazırdır.

Hızlı insan yaratıcı değildir. Hayatın detaylarına kör olduğu için, ilhamla ve yaratıcı fikirlerle dolmaz içi.

Hızlı insan korku ve güvensizlik içindedir. Akışa güveni yoktur. Sürekli yüksek stres hormonu deneyimlediği için çabuk hastalanır, çabuk yorulur, çabuk tükenir.

Hızlı insan tükenmişlik duygusu içindedir. Kaç saat uyursa uyusun kendini dinlenmiş hissetmez. Zihni, düşünceler çöplüğüne dönüşmüştür. Kaygılarla doludur. Bütün kötü ihtimalleri düşündüğü ve düşündüğü çoğu kötü ihtimale maruz da kaldığı için kocaman bir kaosun ortasında debelenip durmaktadır. Hamster tekerleğinin içinde ne kadar hızlı koşsa da bir adım bile yol alamadığı düşüncesindedir. Ne kadar çabalarsa çabalasın, ne kadar mücadele ederse etsin, elde ettiği sonuçtan hiçbir şekilde tatmin olmuş değildir. Çünkü verdiği mücadele ve katlandığı yorgunluk karşılığında elde ettiği sonuç, çok da adil bir terazide ölçülüp dağıtılmamış gibi gelir ona. Böylece daha da yorgun hisseder kendini... Tatminsiz, mutsuz ve yorgun... Onca hıza rağmen, elde ettiği sonuç sadece yorgunluk ve mutsuzluk...

Yavaşlamayanların, dinlenmeyenlerin, su içmeye bile zamanları olmayanların ruhlarındaki, zihinlerindeki ve bedenlerindeki ağırlık hiç hafiflemez.

İlham Sessizlikte Gizlidir, Duymak İçin Susmak Gerekir

Biraz sustuğunda daha fazla duyacaktın başkalarını.
Her düşündüğünü söylemeyecektin.
Sen çoğu zaman anlamın biraz gerisinde duracaktın.
Cümle cellatlarına ve mutluluk düşmanlarına uzak kalacaktın.
Belki de bazen defalarca söylememen lazımdı o söylemek
istediğin en önemli şeyi.
Sıradan ve basit durman lazımdı bazı durumlarda.
Önce şunu yap dediklerinde, acele etmemeliydin.
En ön safta tek başına çarpışmamalıydın.
Sen dediysem, sen ve düşüncelerin.
En çok da sevdiğini hemen belli etmemeliydin.
Güvenini hemen cebinden çıkartmamalıydın.
Bilirsin yaşamak anlıktır, ölmek de öyle.

"Kimileri kırsalda, sahilde
ya da dağlarda kendilerine
çekilebilecekleri yerler ararlar,
sen de bunu istiyor, arzuluyorsun.
Oysa bu tümüyle saçma...
Çünkü istediğin zaman kendine
çekilebilirsin. Hiçbir yer insanın
kendi zihninden daha huzurlu ve
rahat olamaz. Üstelik düşünüyor
olmanın bile huzur veren bir
tarafı vardır. Huzurdan kastım
tabii ki kendi içindeki dinginlik...
Her zaman kendi içine sığınmaya,
kendine yönelmeye ve böylece
yenilenmeye ayarla iç düzenini..."

– Marcus Aurelius

-IV-

"İnzivaya çekilmelisin, çünkü o her hayrın temelidir."

– İbnü'l-Cevzi

Manevi bir inziva nerede mümkündür?

Kırsalda mı? Doğada mı? Sahilde mi? Ormanda mı? Uzaklarda mı?

Her biri hayata küçük molalar vermek için şahane tercihler sayılabilir elbette. Ancak gerçek bir inziva, iyi bir mola insanın zihninde gerçekleşir önce... Daha doğrusu insanın zihninde gerçekleşmelidir. Hayata kısa bir mola vermek ve günlük yaşamın yoğun hızını kesmek ya da yavaşlatmak için doğaya kaçmak, eğer kaos halindeki bir zihinle gerçekleşiyorsa bu kaçış da yorgunluktan başka bir şey ifade etmeyecektir. İnsan zihnindeki cehennemi, cennete taşıdığı sürece, her yerde yanmaya devam eder.

Gerçek huzur, gerçek cennet ve tam denge, önce insanın zihninde gerçekleşmelidir. Dinlenmek, güç toplamak, tazelenmek, biraz huzur bulmak için uzaklara kaçmayı tercih etmek elbette kötü bir fikir değil... Ancak sözünü ettiğim bu kaçışların, bu küçük tatillerin hepsi kısa süreli... Ben hayat boyu süren bir tatilden, nereye gidersen git içine götüreceğin ve götürdüğün yeri cennete dönüştüreceğin bir inzivadan bahsediyorum. Tanıdık yüzlerden uzaklaşarak, şehrin keşmekeşiyle bir süreliğine vedalaşarak inziva deneyimi yaşayamazsın. Bu belki inzivanın küçük bir provası sayılabilir ama kesinlikle kalıcı ve gerçek bir sakinlik kazandırmaz.

Sakinliğin, gelip geçici anlık tecrübelerden ibaret kalmasını istemiyorsan eğer hayatında, o halde zihninle teşrikimesai yapman gerekecektir. Hayatının geri kalanını dağlarda geçirmeyeceksen, kendini deniz kenarında bir kulübeye hapsetmeyecekseN, insanların arasında yaşamını sürdürmeye devam edeceksen, sokaklarda, caddelerde, binaların içinde, trafikte, şirketlerde, dijital mecralarda, okullarda, ofislerde, ailenle, dostlarınla ve tanımadığın milyonlarca insanla birlikte yürüyeceksen bu yolları, kendin için gerçek bir inziva inşa etmek zorundasındır. Çünkü bu hız, bu kalabalık, bu gürültü, sana hiçbir zaman huzur ve güven vermez. İhtiyacın olan huzuru, dinlenmeyi, sakinleşmeyi ve yenilenmeyi yakalamak için inzivaya çekilmen gereken en etkili yer öncelikle kendi zihnindir. Dağlarda, köylerde, tepelerde hayat daha farklı değil... Eğer bedeninde, ruhunda ve zihninde sükûneti yakalayamadıysan, dünyanın her köşesi hızlı ve yorucu gelecektir sana... İnziva mekân değiştirerek değil, zihnin yapısını değiştirerek gerçekleşir.

Zihinde yakaladığın sakinlik, sadelik, dinginlik ve sükûnet yaşadığın her "an"ı ve bulunduğun her yeri cennete dönüştürecektir.

Bu yüzden sakinlik için inziva söz konusuysa, üzerinde çalışılması gereken en önemli yer zihindir. Çünkü bütün gürültü ve huzursuzluk zihindedir. Hızlı olan zihindir. Panik, kuşku ve telaş içinde olan zihindir. Hayatını da hız tuzağına düşüren, kaosa dönüştüren elbette yine zihindir.

Zihin için manevi inziva çok değerlidir bu yüzden. İnzivaya çekilmek, kendine çekilmektir. Ormana ya da denize çekilmek değil... İnziva kendine sığınmaktır. Zihin sakinleştiğinde, hayat huzurla dolacaktır. Zihin hız kestiğinde, hayatın içinde her şey olması gerektiği zaman, olması gerektiği gibi gerçekleşecektir ve bu hep böyle olmuştur zaten. Ne olması gerekiyorsa, nasıl olması gerekiyorsa ve ne zaman olması gerekiyorsa, tam yerinde, tam saatinde ve tam da olması gerektiği gibi olur.

İnzivaya çekilmek, sende rahatsızlığa neden olan şeyden de geri çekilmektir bir yerde... Ne kadar kendinle olmayı, kendine dönüp, kendini dinlemeyi tercih edersen o kadar yaklaşırsın sükûnete...

Hızlı, yorgun, mutsuz ve tatminsiz yaşayan insan kendiyle katiyen baş başa kalamaz. Aslında içten içte tahammül bile edemiyordur kendine. Bu yüzden her zaman kulakları tıkalıdır içsesine. Evde yalnız kaldığında bile kendiyle baş başa kalmaktan imtina eder. Sosyal medyada dolaşır, maillerine bakar, telefon görüşmelerini yapar, kitap okur, dizi izler, yemek hazırlar, misafir ağırlar... Hep yapacak bir işi vardır onun. Bir dakika bile durup bakmaz içine... Korkar çünkü içinde karşılaşacağı o kocaman boşluktan. O boşluğu neyle dolduracağını bilemez. Kendinde yeterince *"benlik"* yoktur ki doldurabilsin o boşluğu... Bu yüzden dinleniyor gibi göründüğü anlarda bile hep meşguldür, hep yoğundur.

Oysa insanın kendine sığınması, başkalarına ya da dışarıda akan dünyaya tutunmasından hem daha kolay hem de daha güvenlidir. Bazen sığınacak bir liman ararsın, tutunacak bir dal ararsın ama kendinin bir liman olduğunu fark etmezsin. Liman hiçbir yere sığınmaz, denizlere bile...

Kendinle baş başa kalmamak için verdiğin mücadele de çok yorucudur aslında. Dikkat ettiysen tatilde, izin günlerinde ve molalarda bile hep bir mücadele ve kaçış halindesin. Toplu taşıtta telefonunla ilgilisin, çay molasında sosyal medyanla ilgilisin, tatilde etkinlik peşindesin, evde yarım kalan işleri tamamlama derdindesin, geceleri dizilere odaklısın, uykudan önce kitap okumayı tercih ediyorsun.

Neden?

"Yeter ki kendimle baş başa kalmayayım."

"Beş dakika için bile olsa hiçbir şey yapmadan durup içime, kalbime, zihnime, kendime bakmayayım."

Neden?

"Çünkü karşıma çıkacak olandan korkuyorum. İçimdeki koca boşluğu neyle nasıl dolduracağımı bilemiyorum, o yüzden dışarıda ne varsa hepsini kullanarak uykuya dalana kadar oyalıyorum kendimi..."

Ya sonuç?

"Çok yorgunum, mutsuzum, anlamsızım, belirsizim... Bunca çabama ve yorgunluğuma karşılık sanki daha iyisini hak ediyorum ama olmuyor..."

Kendinden kaçmaktan yorulduysan, tüm kaçışlarından ellerin boş döndüysen, sığındığın limanlarda dalgakıranlara maruz kaldıysan, güvenli bulduğun sığınaklarda üşüdüysen, artık kaçınılmazdır kendine dönüşün.

İnsan en çok kendine sığınmalıdır.

Dünyayı susturamazsın, dışarıda olan biteni değiştiremezsin. Dünya milyarlarca yıldır hiçbir zaman sakin ve sessiz bir yer olmadı. Dolayısıyla aradığın sükûnet ve sakinlik dışarıda değil, kendinde... Bu yüzden inzivaya çekileceğin yer dünyanın güzel köşelerinden biri olmasından ziyade, zihnin olmalıdır.

Kendine çekildiğin her inziva sana sakinlik, huzur ve anlam kazandıracak...

Hiçbir şey yapmadan, öylece durup beklediğin, elini kalbine koyduğun, gözlerini kapadığın, içinde olan biteni izlemeye başladığın an, inzivadasındır zaten.

Mesela bugün sadece yarım saat hiçbir şey yapmadan öylece durup bekle... Müzik dinleme, dizi izleme, telefonunu kurcalama, kitap okuma, kimseyle konuşma... Kendinle kal ve kalbine sorular sor, cevaplar ara...

Pencereden dışarıyı izleyip bakınmak bile dışarıya odaklı bir eylem olduğundan yine kendinle baş başa kalmış olmayacaksındır. Sakın kendine tuzaklar kurma. "Hiçbir şey yapmadım, denizi izleyerek koskoca bir gün geçirdim" diye sevinme. Denizi izlemek de dışarıya odaklı bir kendinden kaçış halidir.

Araya hiç kimseyi ve hiçbir şeyi sokmadan tamamen kendinle kalmaya çalış... Önceleri tedirgin olabilirsin, kabul... Huzursuzluk hissedebilir, gerilebilir, sıkılabilirsin. Korkma. Bütün bunlar kendine karşı duyduğun samimi hislerindir. Hepsini önemse... Kendinle barışana kadar, kendinle anlaşana kadar her gün kendinle manevi bir inzivaya çekil...

Çok da tanıdığın gibi biri olmadığını anlayabilirsin zamanla. Korkma... Çünkü yeni tanıdığın kendini daha çok seveceksin.

"Konuşma sanatı acıyı olduğu gibi aktarabilme becerisi değildir, acıtmadan aktarabilme becerisidir."

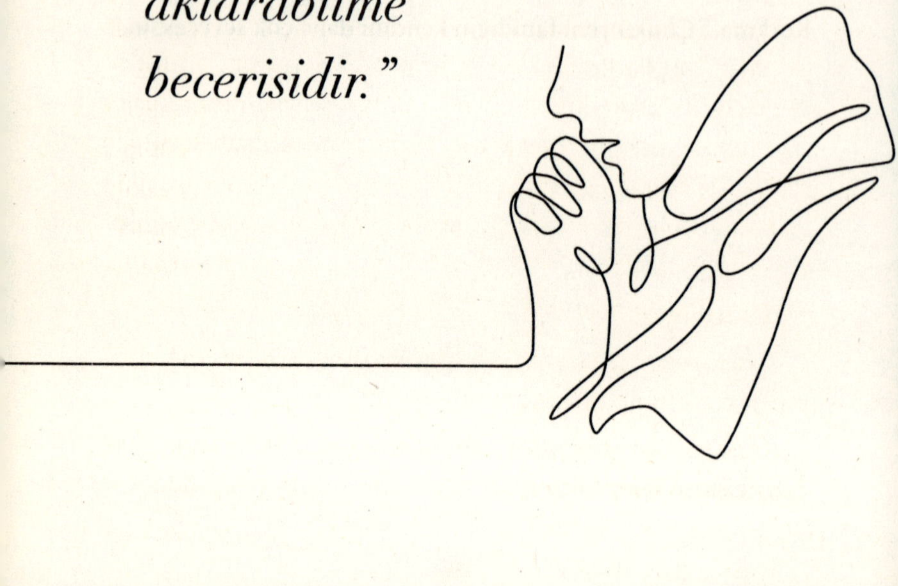

-V-

Söz, sesin estetiğidir, ne söylediğine dikkat et

Söz büyüdür. Büyü gibidir. Neyi nasıl söylediğin, hangi sesle, hangi ifadeyle söylediğin sonucu değiştirir. Sonuç tamamen ağzından çıkanın ne şekilde çıktığına bağlıdır.

Konuştuğun her sözün karşı tarafa hem anlattığı bir şey var hem de hissettirdiği. Unutma ki sadece sözlerle konuşmuyoruz. Hislerle, ifadelerle, niyetlerle de konuşuyoruz ve içimizdeki görünmeyen bütün bu nitelikler, kullandığımız sözcükler sayesinde görünür hale geliyor karşımızdaki insan için.

Sözlerimizin hem yaşatma gücü var hem de öldürme gücü...

Hayatta bizi en fazla yoran şeylerden biri de sözlerimizin yarattığı sonuçlardır. Sözlerimizin kader döngüsünün belirleyici unsurlarından biri olduğunu unutmamalıyız. Hislerimizle, düşüncelerimizle, niyetlerimizle, temennilerimizle, beklentilerimizle her sözümüzü sarf ettiğimizi hatırlarsak kimde ne etkiler bıraktığımızın farkında oluruz. Sosyal hayat sadece eylemler üzerine kurulu değil, aynı zamanda iletişim üzerine de kurulu...

Hatırla lütfen!

Sana sadece "günaydın" dediği halde nasıl da gerildiğin insanlar olmuştur hayatında.

Oysa sadece "günaydın" demiştir, selamlamıştır seni... Ancak nedense kendini coşkulu, tatlı ve iyi hissetmemişsindir.

Neden?

Çünkü sadece "günaydın" dememiştir de ondan. Bu basit, kısacık sözcüğün içinde seninle ilgili aşağılayıcı tavrını duymuşsundur belki, seninle alay etmiş, üzerine basmış, eleştirmiştir belki... Gözüne görünmemeni ne çok istiyordur aslında. Keşke oralarda hiç olmasan... Seni her sabah görmekten memnun olmadığını işitmişsindir o "günaydın"ın içinde...

Halbuki baktığında ne kadar da iyi niyetli bir kelimedir "günaydın" değil mi?

Olumludur, iç açıcıdır, tatlı bir temennidir.

Ancak işin büyüsü sestedir.

Sesler, niyetler, hisler, temenniler sözcüklerin etrafını sarıp sarmalayan yağmur yüklü bulutlardır. Karşı taraf, üzerine yağan şeyin ne olduğunu anlar ve bilir mutlaka...

Üzerine yağanın öfke mi, kıskançlık mı, nefret mi, coşku mu, sıcaklık mı, dostluk mu, düşmanlık mı, güzellik mi, kötülük mü olduğunu bilirsin.

Çünkü sesler, sözün kaderini değiştirir.

İyi niyetli bir sözün kaderi, olumsuz tecrübelere dönüşebilir.

"İnsanlar, ağzından çıkan
cümlelerin, beyninden
çıkan düşüncelerin, bütün
evreni dolaşıp tekrar
kendine geri döndüğünü
bilse, eminim çok daha
dikkatli olurdu."

– Albert Einstein

Sözlerin kadere dönüşebilme gücü budur işte... Kaderi söz kadar, ses de yazar. Bu yüzden ne söylediğin, nasıl söylediğin, ne niyetle söylediğin, neden söylediğin çok ama çok önemlidir.

Verilmiş sözler, tutulmamış sözler, bir anlık kızgınlıkla ağızdan çıkan sözler, bir anlık coşkuyla dudaklardan dökülen sözler... Hepsi başka kaderler ve başka sonlar yazıyor hayatımızda.

Sadece kötü niyetli söylenmiş olumlu kelimelere bakmayalım. Aynı şekilde olumsuz gibi görünen ancak iyi niyetiyle olumlu kaderler yazan sesler ve sözler de var.

Dolayısıyla ağzımızdan çıkan sözler kadar, sözlerimizin ardında gizlenen niyetlerimizin ve hislerimizin de farkında olmalıyız. Bir anlık kızgınlıkla kırdığımız insanlar, hiç istemediğimiz halde söylediğimiz yalanlar, iyi niyetle sarf ettiğimiz halde başkalarının kırılmasına yol açan cümleler de hayatı kaosa dönüştürüyor.

Seslerin, sözlerin, hislerin, niyetlerin birbirine karıştığı bir dünyada sakinliği ve iç huzuru yakalamak kolay mı?

Kime ne söylediğimize, ne zaman ve hangi niyetle söylediğimize dikkat etmeliyiz.

Konuşmak bir sanattır. Sanatın içinde de "estetik" vardır.

Zihni düşünceler çöplüğüne dönüşmüş, kaos içinde ve gürültülü bir hayat yaşayan, hızlı insan konuşurken estetik kaygılar gütmez. Çünkü onun zamanı yoktur. İncitmemek, kırmamak, doğru anlaşılmak, doğru anlatmak, yüksek verim almak, sağlıklı iletişim kurmak için ne zaman, ne şekilde, hangi kelimeleri kullanarak konuşması gerektiği üzerine kafa yormaz. Çünkü buna hiç vakti yoktur. O her şeyin bir an evvel olup bitmesinin peşinde koştuğu için aklına geleni, çoğu zaman aklına geldiği haliyle söyleyiverir. Sonrasında bir tepkiyle karşılaştığında ise ya öyle demek istememiştir ya da öyle demiştir de karşı taraf çok alınmıştır.

Hızlı insanın iletişimde samimiyeti yakalaması çok güçtür. Etkili bir şekilde sarf ettiği "estetik" sözler ona sanki ezberletilmiş, nasıl davranması konusunda eğitilmiş gibidir. Karşı tarafta olumlu etkiler bıraksa da, içten içe hep bir güvensizlik hissettirir.

Sakin insan kaygısız ve korkusuz olduğundan az bile konuşsa güven verir. Samimidir. Kimseyle içten içe gizli bir çatışma halinde olmadığından ne söylüyorsa, söylediği gibidir zaten. "Günaydın" diyorsa o sahiden günü selamlamak için sarf edilmiş bir "günaydın"dır.

Unutma ki çok konuşmanın ya da az konuşmanın bir değeri yok. Değerli olan ve farkı yaratacak olan hangi kelimeleri seçerek nasıl konuştuğundur.

Sakin bir hayat istiyorsan, lügatini de üslubunu da gözden geçirmelisin.

Nasıl mı?

Birkaç örnek verelim o zaman:

- Sadece konuşmaya değil, dinlemeye de önem ver
- Karşındaki insanı dinliyor gibi yapma, gerçekten dinle.
- Dil alışkanlığı yüzünden farkında bile olmadan kullandığın kelimeleri fark et, dilinden atmak için çaba göster.
- Doğru bildiğini söylemek yerine, doğruyu söylemeyi tercih et. Söylediğin yalanı takip etmen zor olacağı için, gereksiz yorgunluklar açma başına.
- Çirkin, aşağılayıcı, hakarete varan sözler kullanmaya meyilli bir yapın varsa, sakin ve yaratıcı bir hayattan fazlasıyla uzaksındır. Bu yüzden kendinle inzivaya çekilme konusuna daha fazla önem vermelisin. Kendinle daha

çok baş başa kalarak hayatını tam bir kaos alanına çevirebilecek bu olumsuz duygu ve tepki durumdan özgürleşebilirsin.

Kendinle inzivaya çekildiğin ilk zamanlar senin için de kolay geçmeyebilir. Muhtemelen sen de yıkıcı davranışlarda bulunabilen, çirkin sözler sarf edebilen bu kişiyle baş başa vakit geçirmekte zorlanabilirsin. Ancak daha önce de söylediğim gibi yeni tanışacağın kendini daha çok seveceğinden eminim...

"Gününün üçte
ikisini kendine
ayırmayan kişi,
ister devlet adamı,
ister işadamı,
ister resmi görevli,
ister bilgin olsun,
aslında bir köledir."

– Friedrich Nietzsche

-VI-

Ne altın ne para
Kıymetli olanın "zaman" olduğunu anla

Zaman kavramıyla sağlıklı ilişki kuramayan insanların geleceğe yönelik planları yoktur. Tempoları yüksektir, çok çalışırlar, kendilerine vakit ayıramazlar, sevdikleriyle bir araya gelemezler, hep koştururlar, hep yoğundurlar, hep önemli işleri vardır, streslidirler, gergindirler, yorgundurlar... İki ayakları bir pabucun içindeymiş gibi yaşarlar.

Geleceğe yönelik bir planları olmadığı halde neden bu kadar yoğun ve streslidirler dersin?

Tabii ki başkalarının planlarını ve hayallerini gerçekleştirmek peşindedir onlar. Başkalarının hayalleri için kendi zaman yönetimlerini kaybetmişlerdir.

İşin üzücü yanı nedir biliyor musun?

Uğruna çabalayıp durdukları şeyin kendi hayalleri olduğunu sanırlar. Sorsan hepsinin geleceğe yönelik büyük planları var. Geleceği kurtarmak için çabalıyorlar ama bugün kaybettikleri şeyle gelecekte kazanmaya çalıştıkları şeyi kıyaslayabilseler, bu hesapta bir adaletsizlik olduğunu fark ederler elbette.

Hızlı insan, kendiyle inzivaya hiç çekilmediği için, kendi kendiyle baş başa kalmaya tahammülü olmadığı için daha yoğun ve daha meşgul olur demiştim ya... İşte tam da bu yüzden aslında nasıl bir gelecek istediğinden emin değildir, bunu kendine hiç sormamıştır. Nasıl bir hayalin peşinden koşmayı göze alabileceğini kendiyle hiç ama hiç tartışmamıştır. Bu yüzden başkalarının hayallerine işçi olurlar. Böylece kendi hayallerini gerçekleştirdiklerini sanırlar. Onların hayalinin içinden kendilerine de bir hayal payı çıkarırlar. Sahiden bir gelecek planı için çabaladıklarına inandırırlar kendilerini...

Ömrünü sahte bir hayale adamış milyonlarca insan var etrafında.

"Zaman" kavramıyla sağlıklı ilişki kuramadıysan, kendiyle baş başa kalamayan insanlardansan, günlük koşuşturmada kaybolup gidiyorsan, kendin için bir şey yapmaya zamanın yoksa, aslında bir gelecek planın da yoktur, hayalin de... Başkalarının hayallerine işçi olmuş, bu yolda kendini unutmuş birisindir.

Kaybettiğinde yerine koyamayacağın, telafisi olmayan tek şeydir zaman...

Yeniden bir iş kurabilirsin, yeni bir ilişkiye başlayabilirsin, hayatında yeni bir sayfa açabilirsin, iyileşebilirsin, sağlığına kavuşabilirsin, kaybettiğin parayı yerine koyabilirsin. Hepsinin telafi edilme ihtimali vardır. Ancak kaybedilmiş zamanı telafi etmek mümkün değil... Kaçırdığın "an"a geri dönemezsin.

Zamanın değeri, çok önemli bir mesele...

"Koskoca bir hayatın içinde birkaç hafta nedir ki?" diye düşünebilirsin mesela. Ama o birkaç haftanın kıymetini doğum yapmaya hazırlanan bir anneye sor bakalım ne diyecek?

Birkaç günün değerini organ nakli bekleyen hastalara soralım bakalım.

Birkaç saniyenin kıymetini ölümden dönen kazazedelere soralım bakalım.

Bir salisenin değerini altın madalya için ipi göğüsleme mücadelesi veren koşuculara soralım bakalım.

Zaman kimse için beklemiyor. Kimseye iltimas geçmiyor. Sanırım öncelikle bunun farkında olmak lazım. Zaman değerli... İnsan yaşlandıkça daha çok anlıyor bunu... Yani zaman azaldıkça telaş ediyor insan. Durup bakıyor geriye. Nasıl geçirmiş koca bir ömrü? Neler bırakmış geride? Değmiş mi her şeye? Bir anlamı olmuş mu yaşamasının?

Hepsini sorguluyor sonra kendi içinde...

Ben de otuzlu yaşlarıma ulaşınca duraksamıştım birden. Yavaşlama isteğim sadece bir arzu değil, bir ihtiyaç haline gelmişti. Hayat son süratle giden bir aracın içindeyken iki yanımdan akıp giden yol şeritlerine dönüşmüştü adeta. Kaçırdığım, ıskaladığım şeyler için nasılsa önümde uzun bir hayat var gibi geliyordu ama kaçırdıklarım da olduğu yerde durup beklemiyordu ki beni... Çoktan geçip gitmişlerdi bile...

Kaçırdıklarına kederle bakarken bu kez şimdiki zamanı ve geleceği de kaçırıyorsun tabii... Bu yüzden çok arkama bakmamaya karar verdim. Biliyorum ki sürekli arkama bakarak yürürsem düşme ihtimalim daha yüksek...

Geleceğe baktığımda ise ister istemez stresli, kaygılı ve endişeli oluyorum. Sonrasında anladım ki sorun bendeki "zaman" tarifinde... Zamanı neyle tarif ettiğin akışı değiştiriyor. Elbette sonucu da...

Stanford Graduate School of Business'te işletme profesörü Jeffrey Pfeffer, zamanın tarifi konusuna şöyle değiniyor:

"Zamanın karşılığını sadece dolar/para olarak görmeye teşvik edilmiş insanlar tahammülsüz ve stresli olabiliyorlar. Daha çok çalışıyorlar ancak gönüllülük ya da müzik dinlemek gibi faydalı aktivitelere daha az zaman ayırıyorlar."

"Zamanını neyle tarif ediyorsun?"

"Zamanı hangi kavramları kullanarak tarif ediyorsun?" diye de sorabilirim soruyu.

Vakit nakit demekse işin rengi değişiyor tabii...

Vakit, sevdiğin şeyleri sevdiklerinle yapmaksa durum daha da başka bir hal alıyor.

Çok düşündüm bunun üzerine... Sonra zamanı "fırsat" kelimesiyle tarif ettim kendime. Zaman çok değerli bir fırsat...

Güzel anlar için bir fırsat. Durmak için bir fırsat... Kendinle inzivaya çekilmek, yavaşlamak, sakinleşmek için bir fırsattır zaman...

Üstelik sen ne kadar yavaşlarsan, fırsatlar daha da artıyor. Sen ne kadar sakinsen zaman o kadar bonkör...

Hızlandığın an kayboluyor zaman. Hiçbir şeye yetmiyor. Hep az, hep az...

Zamanın tarifini sükûnetle yapmayı çok daha kıymetli buldum bu yüzden. Sükûnete ve sakinliğe alan açtığın an, zaman fırsatlarla akıyor önüne ve yavaşlıyor seninle birlikte. Daha anlamlı, daha değerli bir şeye dönüşüyor hayat...

Hazır olalım ya da olmayalım, bir gün gelecek zamanla ilişkimiz sonlanacak. Zamanla ilişkimiz sonlanırken uğruna hız tuzağına düştüğümüz, ömrümüzü soluk soluğa yaşadığımız her şey hükümsüzleşecek. Uğruna koşturduğumuz hiçbir şeyin değeri kalmayacak. Ne cebimizdeki paranın, cüzdanımızdaki kimliğin...

"Bütün bunlara değdi mi?" diye soracağız Kaybettiklerimize değdi mi?

Dilerim herkesin, "Her şeye değdi" diyebildiği bir ömrü olur.

Ömrümün sonunda ne hissederim bilmiyorum ama ben kendimden çaldığım her anın farkındayım artık. Kimseye faydası dokunmayacak anlamsız bir telaşa ya da hıza kapıldığımda kendime ve sevdiklerime haksızlık ettiğimi anlıyorum hemen. Duruyorum, yavaşlıyorum, ara veriyorum.

Büyük İskender'in Vasiyeti

Zamanın değeri konusunu, Büyük İskender'in vasiyetini hatırlatarak sonlandırmak istiyorum, sanırım bundan daha güzel tarif edilemezdi.

Büyük İskender, öleceğini hissedip yaverlerini toplamış yanına ve cenazesinin ne şekilde tertip edilmesini istediğini anlatmaya başlamış.

"Ülkemin dört bir yanından bütün insanları çağırın" demiş. "Cenazemin önünde silahlarıyla askerler yürüsün, sağında âlimler yürüsün ellerinde kitaplarla... Solunda zenginler yürüsün kucaklarında mallarıyla, arkadan da fakirler gelsin dualar ederek. Sağ elimde bir küre bulunsun, sol elim ise boş kalsın. Ben gömülene dek bu düzen hiç bozulmasın."

Yaverler şaşırmış tabii...

Ne biçim bir cenaze merasimidir bu?

Konuyu Büyük İskender'in hocası Diyojen'e danışmaya karar vermişler sonra.

Diyojen vasiyeti işitince pek şaşırmamış:

"İskender'in neden büyük olduğunu bir kez daha anladım..." demiş. "Cenazenin önünde yürüyen silahlı askerler, ölüme silahla bile karşı konulamayacağının bir göstergesi... Sağdaki kitaplı âlimler ölüme bilgiyle de karşı durulamayacağının bir göstergesi... Soldaki zenginler, ölüme parayla da karşı gelinemeyeceğinin bir göstergesi... Arkadaki fakirler, ölüme dualarla da karşı konulamayacağının bir göstergesi...

İskender'in sağ elinde taşımak istediği küre, dünyadır. Dünya üzerinde sahip olduğu büyük güç... O bu gücü elde etmeyi başardı. Ancak sol elinin boş kalmasını istemesi, bir eliyle dünyayı kazanmış olmasına rağmen, dünyayı yine de eli boş terk ettiğini herkesin hatırlaması ve hiç unutmaması içindir."

-VII-

Kendini kendinden kurtar

Başkalarını kurtarma peşindesin hep... Başkalarının yürüdüğü yollar meşgul ediyor aklını... Başkalarının düşüncelerinde gölge karakteri oynuyorsun sürekli. Kendi güneşini kapatarak başkalarının bahçelerinde çiçek olma derdine düşüyorsun. Bütün bunları yaparken kendine hiç uğramıyorsun bile.

Çorak toprakları seviyorsun, kendi toprağına adım bile atmıyorsun. Kendini kendinden kurtarmadıkça başka cehennemlerde yanıyorsun. Kendi nehrine girmiyor, başka çamurlarda batıyorsun. Lütfen kurtar kendini kendinden, kendini zihinsel kölelikten...

Başkalarının hayatlarına işçilik etmekten kurtar kendini. Kurtar ki kim olduğunu bil, kendini tanı...

Kurtar ki öğren özünü...

Başkasını öğrenmek için harcadığın emeği kendine de ver. Başkalarının yardımına koştuğun kadar kendine yardım etmek için de koş.

Amacın başkalarının hayatında kahramanı oynamaksa, bu iş çok da dilediğin gibi sonlanmaz. Başkalarının kurtarıcısı rolünü fazla benimsersen, kendi hayatının celladı olursun. Sen Superman değilsin. Robin Hood da değilsin, Joker de...

İdealize ettiğin bu kahramanların hepsi birer fantezi...

Önce kendi yüküne omuz atacaksın, kendi yükünü hafifleteceksin ki etrafındaki insanlara da faydan olsun. Başkalarına kendini adamakla, başkalarına yardım etmek aynı şey değildir.

İkisi arasındaki ayrımı doğru yapamadığında acı çekersin. Kendi yükünü sırtlamadan, başkalarının hamallığına soyunan kişi, kendine ait olmayan sorunlardan da sorumlu tutar kendini. Hayata ve insanlara eşit mesafede yaklaşan, kendine hep yakın duran ve kendi doğasıyla uyumlu yaşayan insan, dengededir. Yakınlığın ve uzaklığın tam ortasında bulacaksın kendini.

Önce kendini kurtar ki başkalarını da kurtarabilesin...

"İçi boşaltılmış kilden
Olur çömlek
Çömleğin yararı
Olmadığı yerdedir
Yani olanın yararı
Olmayanın
kullanılmasındadır."

– Lao Tzu, *Tao Te Ching*
(Ursula Le Quin çevirisi)

Her Güne Bir Doz "Sakinlik"

Selam kendim!

Hayatım çok yoğun bu aralar. Malum dünyada işler pek yolunda gitmiyor. Bir sürü dert var. Bir sürü sıkıntı. Salgın mı dersin, ekonomik kriz mi? Hepimizin rutini değişti. Yapmakta zorlandığımız şeyleri bile özlüyoruz artık. Uzun zamandır pazartesi sendromunu yaşamayı özlediğimi fark ettim.

Düzen değişince stres arttı tabii... Olan bitene adapte olmaya çalışırken bir de bakıyorum ki zaman hâlâ su gibi akıp geçiyor. Önümüzdeki belirsiz süreç, daha fazla kaygıya ve strese yol açıyor malum... Sakin kalmak pek mümkün değil. Hem artık daha da büyük bir zaman sıkıntısı yaşıyorum. Çoğunlukla online çalışmaya başladığımız için neredeyse yedi gün yirmi dört saat online üzerinden hayatımın abluka altına alındığı oluyor. Eskiden düzenli iş saatlerim vardı artık yok. Gece uykudan uyanıp gelen mesajları cevaplamak zorunda kalabiliyorum.

Dolayısıyla, değil kendime kimseye ayıracak zamanım kalmadı. Bütün bunların arasında kısacık bir mola verme şansım olduğunda ya çok sevdiğim dizilerin yeni sezonlarını izliyorum, ya kitap okuyorum, ya sosyal medyada kim ne yapmış bakıyorum, ya da biraz gündem haberleri okuyorum. Sonra uyku...

Kafam çok yoğun, aklım çok karışık... Önümü görmekte zorlanıyorum. Yorgun ve boşlukta hissediyorum kendimi... Bir sürü şey düşünüyorum.

Fakat yine de günde 15 dakika, uğraşsız bir mola vermek mümkün gibi...

Biliyorum zaman sonsuz gibi görünse de aslında kısıtlı.

Kendime 15 dakika ayırabilirim tabii ki...

Söz acele etmeyeceğim, sabırsız olmayacağım hiçbir konuda.

Tamam söz... Her ne kadar "Zamanım yok!" diye yakınsam da bu 15 dakikalık molayı vereceğim.

Kendimle baş başa kalmak çok eğlenceli olmayabilir gibi geliyor bana ama tamam sorun değil... Bu benim eğlenceli biri olmadığım anlamına gelir ki ben bile benimle eğlenemiyorsam başkaları nasıl eğlensin?

Kendimle barışana kadar günde 15 dakika mola vereceğim, anlaştık.

Haklısın aklımdan binlerce düşünce, kaygı, stres, korku ve kötü ihtimaller geçiyor. Bunları ben düşünmezsem kim düşünecek? Hayatta kalmaya devam etmem için hep tetikte ve hep hızlı olmalıyım. Yavaşlarsam düşerim gibi geliyor. Durursam ölürüm...

Yavaşlamak beni endişelendiriyor ama hızlı olmak da çok güvenli değil, doğru söylüyorsun.

O zaman ben günde bir doz alırım içimdeki benden...

Günde 15 dakika kendimle baş başa kalacağım.

Hiçbir şey yapmayacağım, sadece içime, kendime odaklanacağım. Ne telefonumla oynayacağım ne de duvar kâğıdındaki kelebekleri sayarak vakit geçireceğim. Pencereden bakıp gelen geçeni seyretmek de yok, anlaşıldı. Sadece kendimde olacağım. Tüm ilgimi kendime vereceğim.

Sakin, korkusuz, mutlu ve tatmin bulduğum bir hayat yaşamak için bunu yapmam gerekiyorsa yaparım tabii ki... Ayrıca daha yaratıcı, daha üretken olmak istiyorum artık.

Madem öyle, sessizce oturacağım kendimi iyi hissettiğim bir köşede. İçime, kalbime, aklıma döneceğim. Bende neler olup bittiğini soracağım. Zihnimi izleyeceğim yargılamadan.

"Merhaba kendim" diyeceğim. Neleri seversin, neleri sevmezsin, neye ihtiyaç duyarsın, neden duymazsın, neler geçer aklından, neyi düşünürsün en çok, neden düşünürsün, neden hep koşarsın, kimden neden korkarsın?

Kendimle tanışma fikri şimdi hiç de fena görünmüyor gözüme...

-VIII-

"Haklı olduğunuza inanıyorsanız,
sakin olmayı başarabilirsiniz."

– Bud Holiday

Haklı olmayan sakin kalamaz.

Nerede bir gerginlik, tartışma, çatışma, zıtlaşma, mücadele ve savaş varsa orada bir haksız vardır. Üstelik haklı olmadığını kendi de bilen bir haksız.

Haksızın sesi çok çıkar.

Çünkü en çok kendine öfkelidir o. Bütün gerginliği, siniri, öfkesi kendinedir. Ancak hepsinin acısını kimden çıkarmak ister?

Tabii ki kendinin bile kabullendiği haksızlığını ortaya koyan ya da bunu ifade eden kişiye...

Haklı olan sessizdir tabii... Sakindir. Vicdanı rahattır. İçindeki bütün adalet mahkemeleri şeffaftır, berraktır. Ne itiraz etmesine gerek vardır ne de kendini savunmaya...

Sakin kalmakta zorlanan insan, hatalarıyla yüzleşmekten kaçınan insandır. Haksızlığının sorumluluğunu üstlenmeye güç yetiremeyendir. Bu konuda kendini güçlü, yeterli ve özgüvenli hissetmeyendir.

"Burada ben haksızım, kabul ediyorum, benim hatam" diyemediği için zayıf bir yanını başka bir zayıflığıyla örtmeye çalışır. Yani özgüvensizliğini, öfkesiyle kapatmaya çalışır.

Benim hep inandığım bir şey var:

Gerçeğin özünde sessizlik vardır.

Gerçeği bağırmaya, haykırmaya, öfkeyle itelemeye gerek yoktur. Oradadır ve vardır.

Bu yüzden hakikat sakindir. Haklı olanın haklı çıkma derdi yoktur. Ancak karşısında gördüğü öfke krizi haklı olanı da zorda bırakır çoğu zaman.

Haklı olan da haklılığını açıklama çabasına düşer gördüğü öfke karşısında. İki taraf da çetin bir şekilde birbirine girdiğinde ne haklı kalır ortada ne de haksız. Kocaman bir kaos vardır artık ve kimin haklı, kimin haksız olduğunun bir önemi kalmamıştır. Öyle manipülasyonlar bile yaşanır ki bazen bu türlü haklı-haksız savaşlarında, haklı olanın haksız çıktığı bile görülür.

Burada güç tamamen hakikattedir.

Haklı olanın sakin kalması, adaleti tecelli ettirecektir.

Haklı olan da maruz kaldığı öfke yüzünden sesini yükselttiğinde, haksız olanın haksızlığını kamufle eder. Haklı olduğu halde haksızı aklamaya başlar.

Sakinlik, çoğu zaman adaletin de sağlıklı tecelli etmesini sağlar.

O yüzden haklı olduğumuzdan eminsek, sakin kalmaya devam etmenin gücüne güvenmeliyiz.

Her zaman her konuda haklı çıkma ihtiyacı içindeki insanlara değinmiyorum bile... Haksız olduğunu bildiği halde sadece çatışmanın zevkini, öfkenin hazzını yaşayıp tatmin bulmak için kendini haklı-haksız savaşının ortasına atanlar var ki orada durum biraz daha ciddi...

Her zaman her konuda haklı çıkma isteği ve bu yolda ortaya çıkan öfke patlamaları, görmezden gelinemez ve kabul edilemez bir durum...

Haklı çıkma isteği hayatı herkes için çekilmez kılar. Yaşayanı da maruz kalanı da... Her taraf için yorucu, yıpratıcı ve yıkıcıdır.

Hep haklı çıkma isteğindeki kişi bir süre sonra yalnızlaşır, böylece psikolojik sağlığı daha da bozulur. Başkalarıyla iletişim kurmak onun için yeterince zorken, haklı çıkma isteğine eşlik eden öfkesi yüzünden daha da yorulur, hayat her alanda fazlasıyla zorlaşır.

Haklı çıkmak yerine mutlu çıkmayı tercih etmek, bazen haklılıktan çok daha büyük ve değerli sonuçlar kazandırır insana.

Haklılık mı, Mutluluk mu?

Seçimin mutluluksa eğer, o halde sosyal ilişkilerde ve iletişimde şunlara dikkat etmekte fayda var:

- Kendine âşık bir narsisle doğruyu-yanlışı tartışmaktan kaçın, onu yenmek imkânsızdır.
- Bazen haklı çıkmamayı tercih ederek, kendine huzur armağan etmeyi düşünebilir ve bu tutumundan dolayı kendini ödüllendirebilirsin.
- Kanıtlar, detaylar, notlar her zaman elini güçlü tutmanı sağlayacağı için, not tutmayı, yazmayı, kanıtları arşivlemeyi alışkanlık haline getirebilirsin.
- İyi bir iletişim için önce karşındakini dinlemeyi dene.

- Her tartışmada kendini suçlamaktan vazgeç. Tartışmaların içindeki yaratıcı fırsatları fark et.
- Haklıysan, ilk tercihin sakin kalmak olsun.
- Herkes tartışır, evet tartışmak bazen iyi de olabilir, yaratıcı fırsatların ortaya çıkmasına önayak olabilir ama ne olursa olsun tartışmak senin bir "doğalın" olmamalı...
- Haklıyım derkenki güvenini haksızım derken de koru... Haksızlığını kabullenebilen kişi özgüveni sağlam kişidir.
- Haklıysan, kimseyi üzmeden bunun keyfini çıkar.

"Acele bir hayat,
hızla yok olur."

– Publius Ovidius Naso

-IX-

Sessizlikle cehaleti, sakinlikle kabulü, şefkatle zayıflığı birbirine karıştırma

Her susan kişi cahil değildir, her konuşanın âlim olmadığı gibi...

Dolayısıyla durumlara bakarak sonuçlar çıkarmak her zaman doğru olmaz.

Sakin insanı zayıf sanmak da büyük yanılgı.

Sesi çok çıkan, agresif, gürültücü ve hızlı tipleri hayatımızın kahramanları ya da ideal tiplerimiz yapıyoruz çok zaman ama hiçbir şey göründüğü gibi değil... Asıl agresif, gürültücü, yüksek sesli ve hızlı insanlar zayıftır, güçsüzdür. Dışarıdan görünen öfkeleri, zayıflıklarının kalkanıdır.

Güçlü kişi sakin olandır. Kendini ifade etmek için, bağırmaya, gürültü çıkarmaya, koşmaya ihtiyacı yoktur.

"Güç" kavramıyla ilgili çoğumuzun kafası çok karışık...

Gücü neyle, nasıl tarif ettiğine dikkat et lütfen. Çünkü bu noktada kendine de bir değer biçiyorsun aslında.

Gücü parayla, bilek gücüyle, baskıyla, dediğini yaptırabilmekle, zorbalıkla, unvanla, rütbeyle tarif ediyorsan, çoğunlukla dış kaynaklı ve geçici niteliklere güçle ilgili anlamlar yüklüyorsundur. Dolayısıyla bunlardan birini kaybettiğin an güçsüz düşmen an meselesidir.

Ama öyle şeyler vardır ki sen nefes aldığın sürece katiyen kaybolmazlar, çalınmazlar, yok edilemezler.

Sükûnet bunlardan biridir mesela.

Sabır da öyle...

Para ve itibar gibi kontrol edilemez dış kaynaklar olmadıkları için sükûnet ve sabır en uzun soluklu, en kadim güçlerimizdir bizim.

Sakinlik, haksızlığa ya da kötülüğe sessiz kalmak değildir. Güce boyun eğmek demek değildir. Baskıyı kabul edip onaylamak değildir.

Sakinlik bir duruştur, bir sonuç değil bir başlangıçtır.

Sakinlik, olayları geniş perspektiften izlemeyi sağlayan en güçlü araçtır.

Sağlıklı, mutlu, başarılı, güçlü insanların krizler ya da sorunlar karşısındaki tepkilerini düşün.

Kriz ne kadar büyük olursa olsun "Önce sakin olalım. Soğukkanlılıkla çözmeye çalışalım" derler.

Bu güç değildir de nedir?

Öfkeli, hırslı, hızlı, korku ve kaygı içindeki insanların tepkileri nasıldır?

Bir kere bu tip insanların arasında mutlu, sağlıklı ve başarılı olanları bulmak çok güçtür. İlk tepkileri de ya inkâr etmek olur, ya şiddet gösterirler, ya krizden kaçarlar, ya da kendilerine kurbanlar seçerek krizin sorumluluğunu onların üzerine atarlar...

Bu zayıflık değildir de nedir?

Demem o ki önyargılarımız bizi yanlış yönlendiriyor olabilir.

Sakin insanı güçsüz ve zayıf görmek gibi...

Sakin insan daha az eleştirel ve daha affedici olduğu için zayıflıkla ve güçsüzlükle tarif edilemez. Bu büyük bir yanılgı...

Başkalarına nasıl davrandığımız, kendimize nasıl davrandığımızın bir göstergesidir. Bu yüzden başkalarına karşı davranışlarını yakından izle, kendin hakkında çok güçlü ipuçları edineceksin.

Kendimize empoze ettiğimiz, ezberlediğimiz kalıpları terk etmeliyiz. Sessizliğin, sakinliğin ve şefkatin değerini bilmeliyiz. Bu sözcüklerin derin anlamlarını sezmeli, bildiğimizin dışında işe yaradıklarını da görmeliyiz. En hassas insanların neden bunlara sığındığını, neden bazı insanların şefkatte güç bulduğunu iyi anlamalıyız.

Duyarlılığımızı ve empatiyi güçlendirmek istiyorsak, bizleri yakından ilgilendiren bu durumlarda şunları aklımızda tutmalıyız:

- Her sessiz insan bir şeyler saklıyor değildir.
- Her soğukkanlı ve sakin kişi, baskıya ve güce boyun eğiyor değildir.
- Şefkatli olanın her zaman merhamete ihtiyacı yoktur, çünkü güçsüz biri değildir.

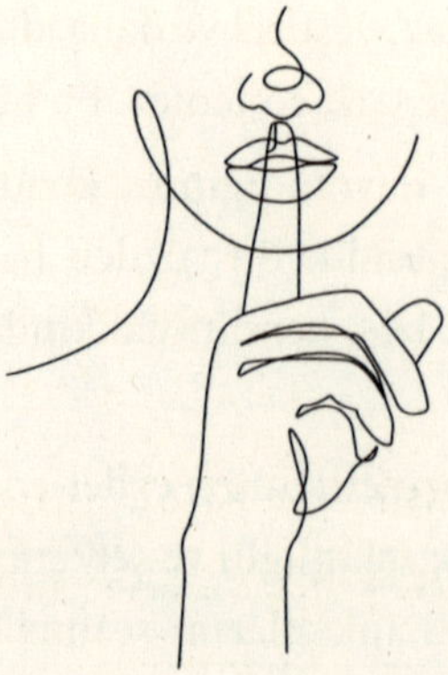

“Yorgun bir yolcu için

çöldeki kum neyse,

sessizliği sevene,

sürekli konuşan

biri odur.”

– Pers Atasözü

-X-

Biraz sessizlik lütfen
Beş dakika bile yeter

Huzurun kapılarını açma metodundan söz edeceğim sana.

Sessizlik!

Sessizlik kendine, etrafına ve dünyaya yapabileceğin en büyük iyiliklerden biri...

Sessizlik bir iyiliktir.

Sessizlik oksijen odasıdır.

Kısacık bir an için bile gerçekleşse, hayati kazanımlar sağlayabilir.

Beş dakikalık sessizliğin ve sakinliğin bile beyin hücrelerine ne büyük faydasının olduğunu duymuş muydun hiç?

Anlatacağım...

Seçilmiş bir sessizlik çağımızın en kıymetli terapi yöntemlerinden biridir.

Sessizlik neden ve nasıl iyi geliyor?

Beş dakikalık sessizliğin hayatımızdaki önemi nedir?

Yüksek sesli müzik dinlemek, eğlenmek, konserlere gitmek istiyor elbette insan. Bu coşkunun ve yükselişin içinde başka bir enerji ve nötralizasyon yaşıyor. Bu coşkuya, buradaki yüksek sese ve harekete nasıl ihtiyacı varsa sessizliğe, hareketsizliğe de ihtiyaç duyuyor.

Hayatı gürültülü yaşayanların sessizliğe duyduğu ihtiyaç daha büyük... Gün içinde en fazla yorulan organ olarak, geceleri sessizliğe ve uykuya çok ihtiyaç duyan beyin, sen uyumayı reddetsen de bir süre sonra sistemi kendisi kapatıyor ve sen istemesen de uykuya dalmış oluyorsun. Gece boyunca şarj ettiği gücüyle ancak sabahtan akşama kadar aktif kalabiliyor. Tek gecelik uykuyla günlerce uyumadan çalışman mümkün değil...

Beynin, sessizliğe duyduğu ihtiyaç yaşamsal...

Düşünceler, kaygılar, stres, olay örüntüleri de beyni çok yoran faktörler... Dolayısıyla günün herhangi bir anında beş dakikalık, on dakikalık, on beş dakikalık, yarım saatlik sessizliklerin bile beyin sağlığı açısından ne büyük öneme sahip olduğunu tarif etmek güç.

Pavia Üniversitesi'nde yapılan bir çalışma, iki dakikalık sessizlik sürecinin, rahatlatıcı bir müzikten çok daha yararlı olduğunu kanıtlamıştır.

Beş dakikalık sessizlikte, insanın empati yeteneği daha fazla gelişiyor.

Olaylara karşı duruşu ve soğukkanlılığı daha sağlam çalışıyor.

Inferior kolikulus (orta beyin) daha sağlıklı çalışıyor.

Daha az stres yaparak daha doğru kararlar almak mümkün oluyor.

Amerikan Psikoloji Derneği'nde yayımlanan bir araştırmaya göre sessizlik sadece stresi azaltmıyor, aynı zamanda serotonin, endorfin ve oksitosin gibi mutluluk hormonlarının salınımını da artırıyor.

Huzur hissi yükseliyor.

Hafıza kuvvetleniyor.

Odaklanma kabiliyeti artıyor.

"Büyük ve güzel
şeylere giden yollar,
sessizlikten geçer."

– Friedrich Nietzsche

Beş dakikalık sessizliği kendine çok görme. Dilersen saatler süren bir sessizlik yürüyüşüne çıkabilirsin. Mühim olan kendinle baş başa kalman...

Gürültü düğmesini kapamayı unutma.

-XI-

Huzuru kendinde bulamazsan, hiçbir yerde bulamazsın

İçses ile gelen iç sessizlik huzurumuzu bozabilecek unsurların olmadığı huzurlu bir andır. O an dünyadan kendimizi bir anlığına soyutlamak bile bize yaşama sevinci verir. Her gün maruz kaldığımız sorunlarla, gidişatından memnun olmadığımız olaylarla yüzleşmek adına içsesimizle konuşabiliyor olmalıyız.

Önce kendimizin dinleyicisi olmayı başarıp, içimize kulak verdiğimizde, içerideki bilgenin sesi yükselecektir.

Sabahları uyanır uyanmaz başlıyor hayatın gürültüsü... İş telaşı, stres, endişe, evin gürültüsü, sokağın gürültüsü, teknolojinin hayatımızın her alanına sızan gürültüsü...

Gürültünün sonu yok, sınırı yok...

Elbette içine düştüğümüz kaosta bizim de payımız var. Alışkanlıklarımızı sınırlandıramamaktan dolayı suçluyuz. Bağımlılıklarımızın %70'i dış kaynaklı... İçsesimizi işitemediğimiz için, ne hissettiğimizi, ne düşündüğümüzü bilmediğimiz için kendi seçimlerimizi kendimiz yapamıyoruz, kendi kararlarımızı kendimiz alamıyoruz. Dışarıdan aldığımız veriler doğrultusunda adımlar atıyoruz.

Kendimize yabancılaştığımız için dışarıdaki koşullara bağlı ve bağımlıyız. Kendine yabancılaşan insan, kim olduğuna da, içdünyasına da, içsesine de yabancılaştı.

Sağlıklı bir iletişimin en önemli unsuru; *önce kendini duyabilmektir.*

Kendi sesimizi duyamadığımız sürece gürültünün kurbanları oluruz. Kaosun içinde can çekişip dururuz.

Hayatta sakinliği ve refahı sağlamak yolunda, *içsesimiz* sinyaller gönderir. Stres ve panik anında, yanlış kararlarda, kaygıda, hırsta ve hızdayken seninle konuşmak ister aslında içsesin... Ona cevap vermediğinde kendini suçlu hissedersin, çünkü bilirsin ama anlamlandıramazsın içinde olan biteni.

Doğrunun ve yanlışın yargıcıdır o ses. Hayatımızın rehberidir, uyarıcıdır, ikaz edendir. Bu uyarana cevap vermediğimizde kendimizden daha çok uzaklaşırız.

Bu dijital çağda çok fazla işitsel ve görsel uyarıcıya maruz kalıyoruz. Kocaman bir ses ve görüntü kirliliği içindeyiz. Yüksek sesler, niteliksiz sesler, zararlı sesler, anlamsız sesler hayatın her alanından sızıyor içimize...

Hal böyle olunca endişemiz de, stresimiz de yükseliyor giderek.

Sorumluluklarımızdan ve her zaman yapacak bir görevimiz olmasından dolayı kendimize bir türlü zaman ayıramadığımız konusu üzerinde yeterince durduk zaten.

Görevler ve sorumluluklar denizinden kaçmanın tek yolu, içsesimize yönelmektir. Yani sessizlik...

Bazıları öyle gürültülü yaşıyor ki sessizlik onlar için ürkütücü, korkutucu bir tehdit adeta... Katlanamıyorlar sessizliğe... Oysa sessizlik katlanılacak bir şey değil, sığınılacak bir güç...

Eğer iç sessizlik yoksa, insan kendini, kalbini, ruhunu hiç dinlemiyorsa zamanla kendine yabancılaşır. Ve kendine yabancılaşan insandan daha kötüsü yoktur.

Teknoloji diyeti yapmak için doğru zaman olabilir.

Hiç erteleme...

Hemen şimdi bir teknoloji diyeti başlat kendin için.

Sürekli maillerini ve mesajlarını kontrol etmeyi bırak mesela. Sosyal medya hesaplarını her saniye kontrol etmeye ara ver.

Bunun yerine yoga yapmayı dene. Meditasyon yap, yürüyüşe çık, kendinle baş başa kalabilmek için fırsatlar yarat. İçindeki bilgenin sesini duy. Kendini dinle...

Telefonunu kapatma alışkanlığın varsa, işte bu şahane... Kendin için ayırdığın bir zaman dilimine sahipsindir.

Gürültü bizi kendimize yabancılaştırır.

“İnsanları izliyorum, uzaktan,
yakından.
Garip bir sakinlikle, kimseye
kızmadan, kimseyi üzmeden,
kimseye kırılmadan.
Sadece sessizliği hissediyorum,
garipsemiyorum.
Hissettiğim sadece sessizlik.
İnsanları izliyorum
Sakinleşiyorum.
Herkes kendisine düşen rolü oynuyor.
Kimi yalanı, kimi dürüstlüğü,
kimi hırsı oynuyor.
Ben artık sakinliği oynuyorum.
İzliyorum
Garipsemiyorum.
Huzur
Biraz uzaklaşmakta.”

-XII-

"Başarılı insanlarda her zaman şu ikisi vardır:
Gülümsemek ve sakinlik...
Problemleri çözmek için gülümse.
Problemleri önlemek için sakin ol."

– Steve Jobs

Almanya'da Dresden Rejeneratif Terapiler Araştırma Merkezi (*Research Center for Regenerative Therapies Dresden*) tarafından yapılan bir çalışma, bazı beyinsel aktivitelerin, sadece sessiz ve sakin ortamlarda meydana gelebildiğini ortaya koydu.

Dünya çapında büyük başarılar kazanmış, değer ve hizmet üretmiş, örnek gösterilmiş, ilham alınmış sanatçılara, iş insanlarına, girişimcilere, yöneticilere dikkat et, hepsinin ortak iki önemli özelliği vardır.

Gülümsemeleri ve sakinlikleri...

Hayaline ulaşmayı başarmış, ideallerini gerçekleştirmiş insanlar, güler yüzlülüklerinden ve sakinliklerinden katiyen ödün vermezler. Şartlar ne olursa olsun gülümsemekten ve sükûnetten vazgeçmezler. Öyle bir anlık öfkelere kapılmazlar, ani ve duygusal kararlar almazlar, duygusal reaksiyonlar göstermezler, duygusal adımlar atmazlar.

Hiçbir öfke, hiçbir kavga ve hiçbir tartışma, sıcacık bir gülümsemenin kazandıracağı gücü vermez sana...

Krizler, hayatın baht dönümleridir.

Krizlerin yıkıma ve çöküşe dönüşmeleri an meselesidir. Küçük krizler bile sağlıkla yönetilmediğinde büyük yıkımlara yol açabilir.

Kriz sırasında herkes öfkelenebilir, korkabilir, panikleyebilir, gerilebilir. Bunlar olağandır. İnsan duygusal bir varlık... Ancak başarılı olanlar, fark yaratanlar ve hayatta kalanlar sakin kalabilenler olmuştur. Duygularının hezeyanına kapılmadan, korkusuna, öfkesine yenilmeden, ortalığı ateşe vermeden, sağduyuyla çareler aramayı tercih edenler ilerlemeye devam edebilmişlerdir.

Sakinlik bilgiyi işlememize, bilgiyi doğru kullanmamıza imkân verir. Krizler sırasında çareler bulmanın, çözümlere ulaşmanın tek yolu sükûnettir.

Daha önce de söylediğim gibi sükûnetin içinde yaratıcılık ve deha vardır. Sessizlikte ve sakinlikte, içimizdeki bilgeye de bilgiye de ulaşmak mümkündür.

Lübnan asıllı şair ve filozof Halil Cibran'ın dediği gibi: *"Ancak sessizlik ırmağından içtiğinizde gerçekten mutlu bir şarkı söyleyeceksiniz."*

"Başkalarının
davranışlarının,
iç huzurunu bozmasına
izin verme."

– Dalai Lama

Kalbin hep sessizdir. Dingindir. Bilgedir.

Başkasının bilgisine, sesine, etkisine, zekâsına, onayına ihtiyacı yoktur. Karar verirken başkalarına soruyorsan, başkalarının fikirlerini alıyorsan, harekete geçmek için başkalarının kullandığı yollara güvenmeyi tercih ediyorsan kendi kaderini, kendi yolunu ve kendi potansiyelini yaşamıyorsundur ki zaten.

Kendinden başka herkese güveniyorsundur. Nedense tek derdin kendinledir. Sadece kendinin içsesini işitmiyorsundur, belki işitiyorsundur da başkalarınınki daha güvenilir geliyordur.

Neden korkuyorsun kendinle baş başa kalıp kararlar almaktan, adımlar atmaktan?

Kendin, diğerlerinden daha mı çok zarar verir sana?

O kadar mı güvenilmez birisin?

O halde başkaları neden güvensin ki sana?

Kendine karşı güvensizliğin, hayatındaki bütün sorunların temel nedeni...

Hakikati görebilmek için, başkalarının üzerindeki inisiyatiflerinden kurtulmalısın. Huzurlu bir zihinde ve huzurlu bir kalpte, dışarının onayına ihtiyaç yoktur. Dışarıya duyulan her ihtiyaç bir tuzaktır. Seni senden bir adım daha uzaklaştıran, seni sana yabancılaştıran, potansiyelinden uzak düşüren bir tuzak...

"Sabır bilgeliğin
yoldaşıdır."

– Aziz Augustine

-XIII-

Sabrın bilgeliği

Sabır nedir?

Dayanmak, katlanmak, boyun eğmek, zamana bırakmak, oturup beklemek mi?

Hayır...

Sabır, eylemdir.

Sabır, bilmektir.

Sabır, yönetmektir.

Oysa sadece sineye çekmek gibi algılıyoruz sabrı çok zaman. Dişlerimizi sıkıyoruz, yumruklarımızı sıkıyoruz ve aslında içten içe kendimizi ısırmaya devam ederek öylece bekleyip duruyoruz. Bu eylemsizliğin ve bastırılmışlığın adına da sabır diyoruz sonra.

Sabrın içinde etkisizlik, tepkisizlik, eylemsizlik yoktur.

Sabır hem etkidir, hem tepkidir, hem eylemdir.

Sabrın içinde olmayan tek şey şiddettir.

Şiddetsiz ama güçlü, tesirli ve sağlam bir yaşam duruşudur sabır.

Sabırlı insan ektiği gül tohumunun bitmesini durup beklemez. O tohumun vakti gelince zaten gül olarak biteceğini bilir. Bildiği için de toprağını sulamaya devam eder.

Dereyi görmeden paçayı sıvamamayı öğrenmiş bir ırk olarak insanoğlu önce sonucun ön izlemesini görmek istediği için işleyiş artık çok farklı günümüzde. O tohumdan gerçekten gül mü bitecek, başka bir şey mi emin olmak istiyor. Olamıyorsa düzenli suyunu vermeye sadakatle ve sabırla devam edemiyor. Ya sonunda gül çıkmazsa, onca emek boşa mı gidecek? Bu kez de boşa emek vermemiş olmak için işi aceleye getiriyor. Gülün biteceği doğru zamanı beklemek yerine süreci hızlandırıp bir an evvel sadede gelmek istiyor ki buradaki teşrikimesai sonlansın. Fazla suladığında tohuma zarar veriyor. Tohum artık yaralanıyor, fazla sudan çürüyor ve ne yazık ki gül bitmiyor.

"Gördün mü, iyi ki beklemedim, tohumdan gül bitmedi işte" deyip gülü kendi elleriyle katlettiğinin farkında bile olmuyor.

Sabırlı insan beklemesi gerektiğini de bilir, sadakatle toprağı sulaması gerektiğini de bilir, ne kadar sulaması gerektiğini de bilir... Tohuma acele ettirdiğinde ona zarar vereceğinin farkındadır. Acele ederse, ya geciktirecektir ya da sonlandıracaktır süreci... Tohumdan gül bitmeme ihtimaline de takılmaz. Gül bitmeyecekse ben de boşa emek vermeyeyim düşüncesine kapılmaz. Çünkü o toprağa ne ektiğinden emindir. Tam bir güven, eminlik ve sabır içinde tohumunu sulamaya devam etmektedir. Umutsuzluğa düşmeden, şüphecilik etmeden, tüm varlığıyla ve samimiyetiyle oradadır.

Sabrın Önünde Bekleyen Tuzaklar Nelerdir?

- Olumsuz duygular ve olumsuz ihtimaller (*Ya boşuna mücadele ediyorsan, belki tohum bozuk, nereden biliyorsun yani?*)
- Kontrolcülük (*Tohumu daha sık sularsam çabuk tepki vermesini sağlayabilirim, böylece orada ne olduğunu anlama ihtimalim artar.*)

- Yorgunluk hissi (*Galiba daha fazla dayanamayacağım, bu tohuma daha fazla emek veremeyeceğim.*)
- Yeni ve sözde alternatifler (*Önümde daha iyisi var, bu tohum çok daha kaliteli olabilir, eskisinden vazgeçebilirim.*)
- Şüphecilik (*Ya başka bir tohumsa bu, onca emekten sonra elime çiçek değil de ot gelirse ne olacak?*)

"Küçük olaylar karşısında sabırlı olmazsan, büyük planları gerçekleştiremezsin."

– Çin Atasözü

Sabrın Kazandıracağı Güzellikler Nelerdir?

- Akılcı düşünmeyi sağlar.
- Zihni berraklaştırır.
- Zekâ pratiği yükselir.
- Doğru kararlar almayı kolaylaştırır.
- Yapıcı ve çözümcü bir bakış açısı geliştirir.
- Öfke tuzağından korur, güvenli alanda tutar.
- Zaman yönetiminde ustalaştırır.
- İyiliğe odaklanmamızı sağlar.
- Olumlu düşünmeyi sağlayarak zihni çöp düşüncelerden temizler.

"Beklemesini becerenin,
her şey ayağına gelir."
– Balzac

Sabırlı insan kolay öfkelenmez. Pozitif düşünür ve hayatına olumlu düşünceleri dahil eder. Sabırlı insan acının da geçici olduğunu bilir. Affedicidir, anlayışlıdır, sağduyuludur, çözüm odaklıdır.

Sabırlı insan dış kaynakların baskısı altında değildir. Dayatılanı kabul etmez, dayatılanı değiştirebilmek için kendine zaman tanır. Zamanın hâkimidir. Her şeye vakti vardır ve ne kadar yoğun olursa olsun her şeye kolaylıkla yetişir. Huzurludur, sakindir ve sessizlikte kendiyledir.

"Kötü bir olaya
sabredersek güzellikleri
kazanmak için kendimize
şans veririz."

-XIV-

Yeterince beklersen, kendiliğinden durulur sular
Çabalamana bile gerek yoktur

Buda ve öğrencileri uzun bir yolculuğa çıkmaya karar vermişlerdir. Bu yolculukta bir sürü şehir ve bir sürü köy geçeceklerdir.

Yolculuk sırasında bir gün, uzakta bir göl fark ederler. Susadıkları için durup biraz mola vermek isterler.

Göle yaklaştıklarında Buda, en genç ve en sabırsız öğrencisine, "Çok susadım..." der. "Bana şu gölden biraz su getirir misin?"

Öğrenci bir koşu gider göle... Ancak kalabalık bir hayvan sürüsünün gölden geçmekte olduğunu fark eder bu sırada. Ne yazık ki gölün suyu bulanmıştır artık.

Bunu gören sabırsız öğrenci, "Öğretmenime bu çamurlu sudan veremem" diye düşünür ve eli boş döner Buda'nın yanına.

"Gölün suyu çok çamurlu..." der. "O suyu içebileceğimizi düşünmüyorum."

Biraz zaman sonra Buda öğrencisine tekrar göle gitmesini ve içmek için biraz su getirmesini ister. Öğrenci gider ama su hâlâ bulanıktır.

Buda'ya döner ve "O suyu içemeyiz, şehre yürümeliyiz. Orada temiz su bulabiliriz" der.

Buda karşılık vermez. Öylece durup bekler bir süre... Sonra genç öğrencisine bir kez daha göle gitmesini ve içecek su getirmesini söyler.

Genç öğrencinin sabrı tükenmektedir ama yine de öğretmenine karşılık vermek istemez ve söyleneni yapar.

Buda'nın bu kısırdöngüyü neden tekrarlatıp durduğunu anlayamadığı için çok öfkelidir. Sonuçta çamurlu suyu kimse içemeyecektir. O halde bu ısrar nedendir?

Öğrenci, burnundan soluyarak gelir göl kıyısına fakat o da ne?

Gölün suyu kristalden de berrak ve temizdir.

Neyse ki şimdi biraz su alabilmiştir yanına... Hemen götürür öğretmenine.

Buda suya bakar önce ve öğrencisine dönüp "Suyu temizlemek için ne yaptın?" diye sorar.

Öğrenci soruyu anlamaz, herhangi bir şey yapmadığı açıktır.

Buda zorlandığını görünce durumu açıklar öğrencisine:

"Bekledin ve suyu rahat bıraktın. Bundan dolayı çamur kendi kendine dibe çöktü ve şimdi su berrak..."

İnsan beyni de gölün suyu gibidir işte.

Düşünceler silsilesi içinde bulanıklaşır, çamurlanır... Şimdi bu süreci kurcalayıp daha da bulandırmak yerine sürece zaman tanımak gerekir. Rahat bırakmalıdır. Sabırlı olunmalıdır. Durup yeterince bekledikten sonra zaten durulacaktır.

Sakin ve sabırlı davranmak için ekstra efor sarf etmeye gerek yoktur. Sakinlik ve sabır bir haldir. Ulaşılması gereken değil, olunması gereken bir hal...

Sadece olmakla ilgilidir. Elde etmekle, kazanmakla, varmakla ilgili değildir.

Bulanıklığa tutunmadığın ve bu bulanıklıktan beslenmediğin sürece, su kendiliğinden durulacaktır zaten. Çabalamaya bile gerek kalmadan.

"Bazen kötü hissetmek iyidir,
zaman zaman kırılmak.
Her zaman herkesin olmanı
istediği o neşeli kişi olmamak
sorun değil. Kimseyle
konuşmak istememek de öyle.
Gözyaşlarını tüketinceye
kadar kalbinin ağlamasına
izin vermek de sorun değil.
İnsan olmak güzeldir."

– Anonim

-XV-

Mutsuzluk da bir haktır...

Belki filmlerde rastlamışsındır. Kazadan sonra bacaklarındaki hissi kaybeden hastaların ayaklarına iğne batırılır... Tepki verecek mi vermeyecek mi diye anlamak için...

Çünkü acı bir yaşam belirtisidir ve çok kıymetlidir. Ayakta belirecek olan acı hissi, orada hayatın hâlâ devam etmekte olduğunu gösterecektir.

Hayatta da tıpkı böyledir aslında... Acıyan yerde bir yaşam belirtisi vardır, orada hayat hâlâ devam ediyordur, umutlar tükenmemiştir ve mutlaka bir çaresi vardır.

Çağımızın en kuvvetli mottolarından biri "sürekli mutluluk, sonsuz mutluluk" biliyorum. "Sen kahramansın, yapabilirsin ve hep mutlu olmayı hak ediyorsun. Acısız bir hayatı hak ediyorsun..."

İyi güzel ama içinde acının olmadığı bir hayat hem yapısı ve doğası gereği mümkün değildir; hatta imkânsızdır. Hem acı olmadan mutluluğu tarif etmek olanaksızdır.

Bir felaketten kaçar gibi acıdan kaçmanın, şuursuzca mutluluğu arayıp durmanın ve her an sürekli mutlu hissetmek için çabalamanın daha büyük bir mutsuzluk ve başarısızlık hissettirdiğini fark etmiyor musun?

Acıdan kaçarken daha fazla çaba harcıyor, daha çok yoruluyor ve başaramayınca çok çok üzülmüyor musun?

Bu bir aldatmaca... Daha doğrusu çağımızın ilgi gören yeni satış ürünlerinden biri... Daha fazla mutluluk için acıyı yok saymak, hissetmiyor gibi yapmak, "Acımadı ki! Acımadı ki!" diyerek kendini kandırıp durmak.

Oysa acır...

Hem de çok acır.

Ve bu çok insanidir, insancıldır, insana dairdir. Bu yüzden de çok kıymetlidir. Çünkü orada hayat var demektir. Yaşam bir şekilde devam ediyordur. Çareler aranıyordur, yollar inşa ediliyordur, gelişiliyordur, yetişiliyordur... Başarıysa eğer dersimiz, bundan daha kıymetli bir başarı olabilir mi?

Bence olamaz...

İnsanı kazandıkları değil, kaybettikleri götürür başarıya...

Başarıya giden yolların acı taşlarıyla döşeli olması boşuna değildir. Bu yüzden yolun sonundaki mutluluk da paha biçilemezdir. Hatta bir şeyi daha düzeltelim mi?

Aslında mutluluk yolun sonunda da değildir. "Başardığım için mutlu oldum" demez gerçekten başarmış olanlar, "Başarıya giden o acı dolu ve zorlu yolu iyi ki yürüdüm, çok iyi geldi" der. Yol boyunca çektiği acıdır onun için anlamlı ve güzel olan... Sürecin onu çok daha mutlu ve başarılı hissettirdiğini itiraf eder.

Öyledir de tabii...

Her acının, her hayal kırıklığının, her üzüntünün içinde kıymetli deneyimler gizlidir. Kapılar açan, fikirler üreten, düşündüren, eyleme geçiren deneyimlerdir bunlar...

Acıya karşı bağışıklığı kaybeden insan, en ufak bir üzüntü karşısında yıkılır, çöker, pes eder. Çünkü o sürekli mutluluk, kesintisiz coşku peşinde yaşamış, acıyı hep reddetmiştir. Böylece karşılaştığı küçücük bir sorun karşısında bile âcizleşir hemen. Çözümcülük kabiliyetleri kullanılmadıkça azalmıştır. Acıdan korkar, kaçar, imtina eder ve giderek daha kırılgan, daha dayanıksız, daha güçsüz ve zayıf düşer... Acıya yakalanmamak için hep daha çok koşmak, mutluluğu daha fazla kovalamak, duvarlara çarpa çarpa ilerlemek zorunda kalır. Koştukça yorulur, duvarlara çarptıkça yaralanır, örselenir.

Minicik bir acı tohumu, kocaman bir dert denizine dönüşür...

Bu noktada da ihtiyacın olan tel şey sakinliktir. İçindeki bilgeyle iletişime geçebilmektir.

Sakinliğin içinde hayat vardır. Ne mutluluk demektir sakinlik ne de acı... İkisinin birbirini dengelediği, uzlaştığı ve desteklediği noktadır.

Dünyanın en mutlu insanları, acıyı en iyi tanıyan insanlardır.

Dünyanın en güzel gülen insanları, en çok ağlamış olanlardır.

Dünyanın en başarılı insanları, en sakin kalabilenlerdir.

Hayatından Hangi Acıyı Çıkarıp Atmak İsterdin?

Şimdi dur ve düşün lütfen...

Hayatın boyunca yaşadığın ve canını acıttığını hissettiğin olayları, durumlar ve insanları düşün...

Bu cesaret isteyen bir yüzleşme, kabul ediyorum ama başardığında nasıl bir kahraman olduğunu fark edeceksin, söz veriyorum. Emin ol dizilerde ya da filmlerde hayran kaldığın o hiç yenilmeyen, hatta yenilse de mucizeler yaratmaya devam eden kahramanlarınkinden çok daha gerçek ve kutlanmayı hak eden bir hikâyen olduğunu göreceksin.

Hayatından Hangi Acıyı Çıkarıp Atmak İsterdin?

- [ ] ______
- [ ] ______
- [ ] ______
- [ ] ______
- [ ] ______
- [ ] ______
- [ ] ______
- [ ] ______
- [ ] ______
- [ ] ______
- [ ] ______

Şimdi bu listeye bak ve hangi acıyı hayatından çıkarmak isteyebileceğini düşün. "Keşke şunu yaşamasaydım" dediğin ne var?

Hayatından çıkarıp atmak istediğin acılarının bugünkü sana neler kattığını, neler kazandırdığını, ne kadar kuvvetlendirdiğini düşün... Sonraki adımlarında ne kadar cesaretli, tecrübeli, kendinden emin olduğunu hatırla... Bunları çekip aldıklarında, senden de eksilecek olanları karşılaştır.

Düşünürken gözyaşlarına boğulacaksın belki ve ne olursa olsun bu acıları hiç ama hiç yaşamak istemeyeceğini söyleyeceksin, onu da kabul ediyorum. Fakat sabah uyandığında her şeye rağmen yürüdüğün yol sana ne kadar acı vermiş olsa da hepsinin üstesinden gelebildiğin ve bugün artık daha güçlü olduğun için kutlayacaksın kendini...

Bence de onurlandırman gereken kahraman kendinsin zaten. Başkaları değil...

-XVI-

Hüznün sultanı

Acıyla kolay baş edemiyor olduğunu düşünüyorsan, bu anlamda kendini korku ve kaygı içinde hissediyorsan, acı bağışıklığın düşük olabilir.

Zihnin sürekli olumsuz ihtimalleri kovalıyordur.

"Kaybedersem ne olacak, yapamazsam mahvolurum, bitmesini hiç istemem, biterse çok acı çekerim, canımın yanmasını istemiyorum, incinmekten yoruldum, artık kırılmak istemiyorum, insanların beni hayal kırıklığına uğratmasından yoruldum..."

Bu sözler sana tanıdık geliyorsa, acıyla ilgili tarifini değiştirmenin zamanı gelmiştir. Boş yere acı çekiyorsundur ve lüzumsuz bir hüzün sultanlığı yaşıyorsundur.

Çünkü bunların hiçbiri acı değil... Bunlar sadece birer ihtimal ve düşünce hatası...

Kaybedersen üzülebilirsin evet... Ama önce kaybet, sonra üzül.

Yapamayabilirsin ve bu seni üzebilir, haklısın... Ama önce yapamamış ol.

Bitmesini hiç istemeyebilirsin ve biterse üzülürsün, kabul. Ama önce kaybet.

Hepsini önceden yaşamış, tecrübe etmiş ve çok üzülebildiğini fark edince artık bundan sonra yaşayabileceklerinle ilgili koşullanmış olabilirsin... Ancak şunu gözden kaçırma lütfen. Önceden yaşadıklarının bedelini, bugün henüz yaşamadığın tecrübelere ödetmeye kalkma.

Kaybetmeden acısını peşin çekiyorsun.

Neden?

Çünkü eskiden kaybettin ve acı çektin.

Bitmeden acısını peşin çekiyorsun.

Neden?

Çünkü eskiden kaybettin ve çok acı çektin.

Sen de dedin ki madem çok acı çekiyorum bundan sonra en iyisi bütün acıları önden peşinen çekmeye başlayayım. Ne kadar çok korkarsam, kaçarsam, endişe edersem o kadar uzaklaşmış olurum acıdan...

Kulağa hiç mantıklı gelmiyor değil mi?

Ama ne yazık ki olan bu işte...

Acıdan kaçtıkça, acıya koşuyorsun aslında.

Daha mutsuz, daha yalnız, daha yorgun ve başarısız hissediyorsun kendini.

Canın yansın istemediğin için daha çok yanıyor canın. Çünkü bağışıklığın gelişmiyor ve imtina ettiğin yeri yaralıyorsun.

Bitmesini istemediğin için bitiyor, çünkü acı çekme korkusu seni tecrübeyi yaşamaktan alıkoyuyor, uzaklaştırıyor.

Hüznün sultanına dönüşüyorsun işte giderek.

Asıl acı olan, acıdan kaçmaya çalışmaktır.

İyi ve sağlıklı olan hangisi mi?

Sakinlikte kalmak...

Yaşadığın şeyi anlamak ve kabul etmek... Acıysa acı, mutluluksa mutluluk...

Sana hiç üzülmemen gerektiği öğretildi biliyorum. Sosyal medya sonsuz mutlu anlarla dolu... Herkes gülüyor, herkes tatilde, herkes başarılı, herkes eğleniyor, herkes bir şeyler başarıyor. Bu sonsuz ve kesintisiz mutluluk hali bilinçaltında bir endişeye yol açıyor.

"Ben neden sonsuz ve sürekli mutluluk içinde değilim? Demek ki hayatım aslında hiç de yolunda gitmiyor. Ölmüşüm ama haberim yok."

Sosyal medya üzerinden önüne akan sonsuz mutluluk halinin bir kurgu olduğunu hatırlamıyorsun. Milyonlarca insan sadece mutlu oldukları kısacık anların fotoğraflarını paylaşıyorlar ya da mutluymuş gibi göründükleri anların. Sonrasında hayat senin için nasıl devam ediyorsa, onlar için de öyle devam ediyor. Ama bizim elimizde başkalarının artarak yükselen kocaman mutlulukları duruyor ve kendimizle ilgili giderek kaygılanmaya başlıyoruz.

"Ben yeterince mutlu değilim sanırım" düşüncesi bile gerçek olmayan ama gerçek gibi etkileyen, uydurma ve yanlış bir acı...

Bu anlamda sosyal medyanın kurbanı olmamak için sağduyulu ve bilinçli davranmak çok kıymetli olacak.

Başkalarının anlık mutluluklarını biriktirip içten içe hüzünlenme, kendi mutluluk anlarını ve aştığın acılarla gelişen güçlü karakterini önemse...

Başına gelenleri değiştiremeyebilirsin elbette. Herkesin hikâyesi farklı... Ama başına gelenlere verdiğin tepkiyi değiştirebilirsin. Yıkılmak yerine ayağa kalkmayı seçebilirsin mesela... Küsmek yerine yola devam edebilirsin. Kaçmak yerine anlamayı tercih edebilirsin. Çatışmak yerine barışmayı isteyebilirsin.

Üzülmeyecek misin?

Elbette üzüleceksin. Ağlayabilirsin de... Hatta doyasıya ağla... Orada hayat var demektir. Acının olduğu yerde yaşam devam ediyordur.

Ağlamak bu yüzden de güzeldir.

"Hayat sürekli bir büyüme
sürecidir ve bu genellikle
acı verici bir görevdir.
Ancak, acının daha
yoğun olduğu ve sizden
daha fazla şey beklendiği
zamanlar da olacaktır.
Bunlara hazırlıklı
olmalısınız."

– Abraham Maslow

-XVII-

Alışkanlığa dönüşen hüzün

Dikkat et!

Hüznün alışkanlığına dönüşmesin...

Farkında olmadan bundan zevk bile alıyor olabilirsin. İçten içe hüzün çekiyor olabilir canın bazen.

Bu iyidir kötüdür demiyorum. Doğrusu yanlışı da yok...

Seçimdir sadece, ayıp değil...

Neyi seçtiğinin farkındaysan ortada bir sorun yoktur zaten. Kendi seçimlerini deneyimliyorsundur. İşin fenası hüznün alışkanlığa dönüşüp dönüşmediğinin farkında olmamak ve bilerek hüzne koştuğun halde bundan acı duymak... Çünkü buradaki acı da kurgudur. Farkında olmadan gerçekleştirdiğin bir kurgu...

Nasıl mı anlayabilirsin?

O zaman bir çalışma daha yapalım ve hüzünle kurduğun ilişkiye yakından bakalım.

1. Dinlediğin müziklerin listesini yap.
(En sevdiklerini yaz.)

Sevdiğin şarkıların sözlerini oku... Ayrılık, yalnızlık, hüzün, meydan okuma, isyan, kafa tutma, direnme, mücadele, çatışma gibi duygusal açıdan zorlayıcı içeriklere mi sahipler?

Bu şarkıları neden sevdiğini düşün.

Bestesi mi hoşuna gidiyor? *(Coşkulu mu, hüzünlü mü, neşeli mi, duygulu mu?)*

Sözlerini mi seviyorsun? *(Hislerine tercüman mı oluyor?)*

Duygusal olarak zorlayıcı içeriklere sahip şarkılar dinlediğini tespit ettiysen, hüznü biraz da bilinçli olarak satın aldığını söylemem gerek.

Elbette bunları hangi zamanlarda, nerede dinlediğin de önemli.

Evde yalnızken, odanda dinlemeyi tercih ediyorsan belirli hüzün saatlerin de var demektir.

Toplu taşıtta kulaklığında, aracında, çalışırken ve gün içinde herhangi bir zamanda sürekli dinliyorsan, hüznü hayatının geniş bir alanına yerleştirmişsindir. Bu açıdan seçimlerini tekrar gözden geçirmen, seni dışarıdan zorla satın aldığın hüzünden bir nebze kurtaracaktır.

Meditasyon, doğa sesleri ve sakin müzikle aran nasıl? Diğerlerini dinlediğin gibi keyifle, uzun uzadıya, zevk alarak dinleyebiliyor musun? Yoksa sadece uyumadan önce tercih edeceğin şeyler midir bunlar?

Genel olarak sakinleştirici müziklere çok tahammülün yoksa, uyuyabilmek için mecburen dinliyorsan zaten sükûnetle aradaki mesafe duygusal olarak da açılmıştır. Burada da yine bilinçli bir seçim yapman, konuya açık bir zihinle ve tarafsızca bakıp neyi neden sevdiğini ve neyi neden sevmediğini saptaman yol gösterici olacaktır.

2. İzlediğin filmlerin ve dizilerin bir listesini yap.
(En sevdiklerini, çok etkilendiklerini yaz.)

Burada izlediklerinin türüne takılmayacağız. Her türden dizi ya da film izliyorsundur muhtemelen... Mühim olan kendini hangi karaktere daha yakın bulduğun. Özdeşleştiğin ya da üzerinde derinleştiğin karakterler hangileri?

Hepsinin listesini yap...

Karakterlerin duygu analizlerini yap kendince. Güçlü oldukları için mi sevdin bu kahramanları? Romantik oldukları için mi? Zorluklarla mücadele edebildikleri için mi? Ters, huysuz ve aykırı oldukları için mi? Duygusuz ya da duygusal hezeyanlara dayanıklı oldukları için mi? Yalnız oldukları için mi? Özgün oldukları için mi?

Bu soruların cevapları önemli çünkü kahramanlarda sevdiğin şeyler, kendinde olmasını istediğin ancak olmadığını düşündüğün ya da kullanmadığın niteliklerindir çoğunlukla...

Kendinde neyin olmadığına ya da neyi kullanmadığına dikkat et...

Mesela güçlü olduğu için seviyorsan izlediğin karakteri kendinde güç kavramıyla ilgili henüz tartışmadığın ya da çözemediğin bir mesele vardır.

Zorluklarla mücadele edebildiği için, dayanıklı olduğu için sevdiysen, kendini zorluklara karşı yeterince mücadeleci bulmuyor olabilirsin. Bu yüzden belki pek çok şeyi alttan alıyor, katlanıyor ve tahammül gösteriyorsundur. Yeterince dayanıklı olmadığın yönünde bir fikrin vardır kendinle ilgili... Çabuk incinebileceğini ve acı çekebileceğini düşünüyorsundur.

Bu egzersizleri çok severim.

Kendine bakmanın, sorgulamanın ve kendinle tanışmanın hem eğlenceli hem de etkili bir yoludur.

"Büyük bir zekâ ve derin
bir kalp için acı ve ıstırap
daima kaçınılmazdır.
Büyük insanlar kesinlikle
bu dünyada üzüntü
yaşamalıdır."

– Dostoyevski

-XVIII-

Mermer yontucusu

Eski zamanların birinde uzak bir ülkede, geçimini dağlarda yonttuğu mermerleri işleyerek sağlayan bir mermer yontucusu yaşarmış...

Mermer yontucu, her gün kızgın güneşin altında mermer yontmaktan bitap düşer ve bıkkınlıkla söylenip dururmuş:

"Bıktım bu hayattan... Her gün akşama kadar var gücümle mermer yontmaktan, ölesiye çalışmaktan, her şeyden bıktım... Dağ çok büyük, bense küçüğüm. Ah Tanrım! Ne kadar da güçsüzüm... Üstelik bir de bu güneş, hep bu yakıcı güneş... Ah! Onun yerinde olmayı ne kadar çok isterdim, orada yükseklerde her şeye hâkim olur, ışığımla dünyayı aydınlatırdım."

Yine bir gün mermer yontucu kendi kendine yana yakıla söylenip çalışırken bir mucize gerçekleşmiş ve mermer yontucusunun dileği kabul olmuş. Yontucu o an gökyüzünde parıldayan güneşe dönüşmüş, etrafa ışık ve sıcaklık saçmaya başlamış. Dileği kabul edildiği için çok mutluymuş tabii... Fakat tam ışığını yaydığı sırada bir bulut kümesinin gelip onu engellediğini görünce sinirlenmiş. Başlamış yine öfkeyle söylenmeye:

"Bu basit ve niteliksiz bulutlar koskoca güneşin ışığını kesebilecek kadar kuvvetliyseler eğer, o zaman benim güneş olmam ne işe yarayacak? Mademki bulutlar güneşten daha kudretli, o zaman ben de bulut olmayı tercih ederim."

Derken bu kez de buluta dönüşmüş. Dünyanın üzerinde dolaşmaya başlamış, oradan oraya geçiyor, yağmur yağdırıyormuş. Kendini çok mutlu hissediyormuş. Sonra bir ara rüzgâr esmeye başlamış... Bulut dağılmış... Başlamış yine öfke ve üzüntüyle söylenmeye:

"Rüzgâr beni böyle kolay dağıtabildiğine göre, demek ki en kuvvetlisi o... Öyleyse ben bundan sonra rüzgâr olmak isterim" demiş.

Yontucu sözünü bitirir bitirmez bu kez de rüzgâr olmuş. Dünyanın üzerinde esip durmuş, fırtınalar estirmiş, kasırgalar çıkarmış... Kendini çok mutlu hissediyormuş. Estiği sırada birden kocaman bir dağ belirmiş önünde. Rüzgâr dağı geçememiş, kalakalmış orada. Hayal kırıklığı içinde söylenmeye başlamış yine:

"Sıradan bir dağ beni durdurabiliyorsa benim rüzgâr olmam neye yarar ki? O zaman ben dağ olmak isterim."

Bu dileği de gerçekleşmiş yontucunun ve dağa dönüşmüş. O sırada bir şeyin kendisine durmaksızın vurduğunu, kendinden parçalar koparıp aldığını görmüş. Gördüğü şey küçük bir mermer yontucusuymuş.

– Eski Bir İbrani Hikâyesi

-XIX-

Sakinlik için dikkatlilik ve farkındalık

Mindfullness'in kelime anlamı "dikkatlilik" "ve "farkındalık"tır.

Aslında bir fark yaratma biçimidir. Diğer bir adıyla *bilinçli farkındalık, bilinçli aydınlanma...*

Son yıllarda dünyaca ünlü markalardan tut da, milyonlarca insanı peşinden sürükleyen dünya starlarına kadar çok geniş bir alanda, çok insan tarafından kullanılıyor. Çünkü herkes fark yaratmak ve potansiyelini yüksek seviyede kullanmak istiyor.

Mindfullness'in temelinde *şimdiki zamana yolculuk* var.

"An"a dikkat etmek ve "an"ı fark etmek çok önemli... Mindfullness tekniklerinin temelinde "an"ın içine sığan her şeye dikkat kesilmek gerekiyor. Üstelik sadece iyiye, güzele, pozitife değil, negatife, kötüye ve acıya da dikkat kesilmek lazımdır. "An"ın içinde olan her şeye dikkat etmek ve odaklanmak, temel prensip...

Hız çağında yavaşlamak, düşünmek, demlenmek, dinlenmek ve sükûnete ulaşmak için eşsiz bir yol...

Kitabın başında verdiğim hızlı araç örneğini hatırlıyor musun? Son sürat giderken etraftaki her şeyin bir yol şeridine dönüşüp akmaya başladığını ve bu yüzden artık hiçbir şeyin görülemez, fark edilemez hale geldiğini anlatmıştım. Mindfullness, o an orada olan her şeyi, sonuna kadar anlama, algılama ve hissetme imkânı tanıdığından eşsiz bir yolculuk deneyimi sunar insana. Kocaman bir dünya manzarasını kısacık gibi görünen sonsuz "an"ın içinde doyasıya izlemek ve bunun tadını çıkarmak gibidir adeta...

Unutma ki hiçbir duygu ve hiçbir düşünce kalıcı değildir. Önceki bölümlerde aralıksız biçimde, sürekli mutlu olmanın imkânsız olduğundan söz etmiştim. Bunun insan doğasına ve yapısına aykırı olduğunu söylemiştim. İnsan sürekli mutlu olmak zorunda değildir, sürekli mutlu kalamaz da... Ancak acıyı hissettiğinde mutluluğu da hissedebilir. Dolayısıyla mutluluk hissi gibi, diğer bütün hisler de gelip geçicidir. Bir an vardır, bir an yoktur. Bir an çok güçlüdür, sonra daha zayıf...

Kesintisiz mutluluk, kesintisiz "iyi deneyim" yoktur, olamaz da... Sürekli mutlu ya da sürekli mutsuz kalamazsın.

Mindfullness "an"ın içinde bilinçli farkındalık kabiliyetini geliştirdiğinden aslında her şeyin geçici olduğunun da ayrımını yapmaya başlayabiliyor insan. Mutluluk gibi, acı da geçici... Hiçbir his oluştuğu andaki kadar kuvvetli seyretmiyor ki bu iyi haber... Kesintisiz yüksek mutluluk, kesintisiz yüksek acı, bir denge sanatı olan hayatta iki imkânsızdır.

Mindfullness, Budist felsefeye dayanıyor olsa da hiçbir dinle ya da felsefi akımla bağlantılı değil, üstelik bilimsel açıdan da çok yönlü destekleniyor. Kanser hastalarından akut depresyona, öğrenme güçlüğünden tükenmişlik sendromuna, kronik ağrılara kadar pek çok alanda mindfull temelli tedavi programları üzerinde çalışılıyor. Pek çok ülkede hastanelerde ve okullarda stresi azaltmak temel amacıyla mindfullness teknikleriyle tasarlanmış uygulamalar kullanılıyor. Nörobilim alanında da mindfullness üzerinde ağırlıklı duruluyor.

Mindfullness, başımıza gelenleri değiştirmiyor. Bize yeni bir kader de yazmıyor. Ancak öylesine geniş bir özgürlük alanı sunuyor ki karşımıza çıkan uyaranlarla, bu uyarana vereceğimiz tepkinin arasında duran boşluğu nasıl yönetebileceğimizi öğretiyor.

Hepimiz birtakım şeylere maruz kalıyoruz. Sayısız uyaranla çevrili hayatımız. Ancak hayatımızda farkı yaratacak olan şey de, uyaranlara yönelteceğimiz tepkilerimizdir. Tepkinin sakinlik halinden, bilinçli farkındalıktan doğuyor olması çok önemli bu yüzden. Duygularıyla yaşayan insanlar, duygusal kararlar verirler ve yine duygusal tepkiler verirler. Öfkeyle, kırgınlıkla, hayal kırıklığıyla karar vermek nasıl ki istenmeyen sonuçlara yol açıyorsa heyecanla, coşkuyla, sevinçle verilen kararlar da aynı şekilde beklenmedik sonuçlar doğurabilir.

Duygu kontrolü çok değerlidir. Bu yüzden mindfullness, duygusal kararlar almamak ve duygusal adımlar atmamak yolunda çok etkili bir disiplin geliştirir insanda...

"Uyaran ve tepki arasında
bir boşluk var ve o boşlukta
bizim tepkimizi seçme
özgürlük ve kudretimiz
yatar. Tepkimizde de
gelişme ve özgürlüğümüz
saklıdır."

– Viktor Frankl

Mindfullness'in, yani bilinçli aydınlanmanın özünde farkındalık, dikkat, hatırlamak, sakinlik ve yavaşlık vardır.

Yavaş ve sakinsek anlarız, duygudan duyguya savrulmayız, sağlıklı kararlar alırız, pişmanlık duymayacağımız adımlar atarız. Mindfullness'in içindeki "an"a dikkat kesilme hali, gözlemcilik kabiliyetimizi artırır.

Mevlana'nın "Olayla olay olma" sözünü hatırla...

Olayın içine düştüğün an, artık o olayın bir parçasısındır ve olay nereye varacaksa seni de oraya taşır. Halbuki dışarıdan bir gözlemci olarak yargılamadan olan şeye tarafsızca bakabildiğinde sen olayın gidişatını değiştiren taraf olursun.

Mindfullness'in sağladığı kazanımlardan biri de beklentisizliktir ki bu insana olağanüstü bir özgürlük ve sükûnet alanı yaratır.

-XX-

Beklentisizlik

Kimseyi değiştirmeye çalışmamak ya da kimseden olmasını istediğimiz insan olmasını beklememek, istediğimiz gibi davranmasını talep etmemek çok ama çok geniş bir özgürlük ve huzur alanı kazandırır.

Neden?

Çünkü beklenti yoksa, hayal kırıklığı ve öfke yoktur. Hayal kırıklığı ve öfke yoksa stres yoktur. Stres yoksa, sakinlik vardır. Sakinlik varsa bilgelik, huzur ve özgürlük vardır.

Seni strese, öfkeye, hayal kırıklığına, çabaya ve hız tuzağına düşüren faktörlerden biri de beklentilerindir... Daha doğrusu karşılığını bulamayan beklentilerin...

"Benim kimseden ve hiçbir şeyden beklentim yok" diyerek aklayabilirsin kendini ama bu kendi kendini maniple etmek olur.

İyi düşün, "Benim kimseden ve hiçbir şeyden beklentim yok" diyorsan zaten sakin ve bilgece akıp giden bir hayat sürüyorsun demektir. Ama buna rağmen hızlı, gergin, stresli, öfkeli ve hayal kırıklığı içindeysen muhtemelen kendini şöyle maniple ediyorsundur:

"Benim kimseden beklentim yok, insan olsunlar yeter."

"Benim kimseden beklentim yok, uzak dursunlar yeter."

"Benim hiçbir şeyden beklentim yok, sağlık olsun yeter."

"Benim hiçbir şeyden beklentim yok, karnım doysun yeter."

Bu liste böylece uzayıp gider...

Koşul da beklentidir ve hayatın akışını bozar.

Gördüğün gibi aslında hâlâ hep beklenti içindesin. Birilerinden insan olmalarını bekliyorsun, uzak durmalarını bekliyorsun, olaylardan sağlık bekliyorsun, karın tokluğu bekliyorsun...

İnsan olmalarını beklemeyeyim mi yani?

Hayır bekleme... İster olurlar, ister olmazlar. Bu senden bir şey çalamaz.

Uzak durmalarını beklemeyeyim mi yani?

Hayır bekleme... İster senden uzak dururlar, ister durmazlar. Burada karar senin, başkalarının değil... Sen uzaksan zaten yakın duramazlar. Mesele yine onlarla ilgili değil, seninle ilgili...

Hayattan sağlık beklemeyeyim mi?

Hayır bekleme çünkü hayat ve hayatın içindeki olaylar kimseye sağlık dağıtmıyor. Sağlık emek ve duyarlılık işidir. Sağlığı bekleyemezsin, koruyabilirsin ancak...

Hayattan karın tokluğu beklemeyeyim mi?

Hayır bekleme... Doğada her canlı karnını doyurmak için avlanıyor. Hayat ekmek dağıtmıyor. Doymak için senin ekmeğe gitmen gerekiyor. Hangi yoldan ne şekilde karnın tokluğuna ulaşacaksan kararını verip ilerleyeceksin.

Dikkatini "An"a Ver!

Bugün kendine zaman ayır ve bir yürüyüşe çık. Aklında çözülmeyi bekleyen bir sürü iş, geri dönmeni bekleyen bir dolu cevapsız çağrı, halledilmesi gereken birçok sorun olabilir... Beklesinler... Sen yürürken dünya batmayacak. En azından sen yürüdün diye batmaz.

Zihnini durdurmaya çalışma. Düşünceleri kafandan atmak için mücadele etme... Dikkatini "an"a ver kâfi...

Yürüyüşüne dikkat kesil.

Bedeninin, yürüme işlemini gerçekleştirmek için nasıl da mükemmel bir uyum ve organizasyon içinde çalıştığına bak.

Ayakların bastığı her yeri hissediyor. Küçük taşları bile...

Nefesin hızına göre ayarlı...

Kollarının hareketine, bacaklarının hareketine dikkat et.

Havayı koklayan burnuna, rüzgârı hisseden tenine bak.

Doğayı gör.

Havadaki kuşları, sahilde yürüyorsan denizi dinle.

Maviye bak uzun uzun... Göğün ve denizin birbiriyle iletişimine...

Sen "an"a dikkat kesildiğinde, zihnin zaten başka şeyle meşgul olmayacaktır.

-XXI-

Sükûnete giden yollar

Hızlı bir hayat, odak ve anlam kaybına yol açar. Yavaşlığın ve sakinliğin içindeki anlamı keşfetmek, yaşam kalitesi açısından çok değerli... Sükûnete giden başka pratik yollar var mı dersen.

Olmaz mı hiç derim...

Sıralayacağım konuları birer öneri ya da teknik gibi görmemeni isterim. Her birinin bir yaşam alışkanlığına dönüşmesi gerekir. Daha doğrusu bunlar zaten teknik değil, yaşam biçimidir. Hız dünyasında yitirdiğimiz eski alışkanlıklarımızdır.

Şefkat

Şefkat çok güçlü bir duygu... Sakinlikte yaşayan insanların cömertçe kullanabildiği bir duygu... Hızlı ve öfkeli insan için zor bir tercih, biliyorum. Çünkü şefkat için sükûnette ve dinginlikte olman gerekir. Yavaşlamış ve hayata dikkat kesilmiş olmalısındır. "An"da kalabiliyor, olayla olay olmuyor, büyük resmi uzaktan izleyebilme becerini kullanabiliyorsundur.

Hızlı ve öfkeli insanın öncelikle kendine karşı şefkati yoktur. Bu yüzden etrafına ve hayata şefkat göstermesi mümkün değildir.

Dolayısıyla işe önce kedine şefkat duymakla başla.

Hatalarından dolayı kendini suçlama mesela. Affedici ol... Sen de insansın, bazen her şey çok da düşündüğün gibi gitmez, hata yaparsın ve bedeli ağır olabilir. Ama ne demiştik hatırla.

Her şey geçici...

Hiçbir his kalıcı değil...

Başarı da geçici, başarısızlık da...

Kendine kızma, yıpratma, yorma... Kendini yargılama, acımasızca eleştirme. Kendini uykusuz bırakma, molasız bırakma, dinlen. Kendini iyi besle... Kendine zaman ayır, kendini dinle... İhtiyaçlarını öteleme... Öncelik sıralamanı tekrar gözden geçir. Kendini ilk sıraya yerleştir. Unutma... Sen yoksan hiçbiri yok... Bu yüzden önceliğin senden başkası olamaz. Tıpkı uçaklarda oksijen maskesini çocuğundan önce kendine takman gibi, önce kendini sağlıklı ve sakin tutmalısın...

Bunu başardığında artık etrafına, hayata ve dünyaya şefkat duyabilen, sükûnet sahibi bir usta olursun. Sen dünyaya şefkat gösterdiğinde, dünya da sana şefkat sunacaktır.

"Hiçbir şey, insanları,
etrafındakilere şefkat
hissetmekten daha fazla
insan yapmaz."

– Boccaccio

Derin Bir Nefes

Nefes, insanın en kutsal ve en değerli dengesi... Her an alıp verdiği, kendinde depolama ihtiyacı hissetmediği, aldığı gibi vermeye razı olduğu, verirken korkmadığı nefes, ustalık mertebesinde bir dengedir.

Verdiğin nefesi geri alıp alamayacağını düşünmeden verirsin nefesini... Ciğerin kadar çekersin içine, fazlasını almak için zorlamazsın sınırlarını. Bu huzur ve güven içindeki alma-verme dengesi, bedenin de, ruhun da, zihnin de sakinliğe en kolay ve en etkili şekilde kavuşabileceği noktadır.

Nefes egzersizleri bu yüzden çok önemlidir...

Nefesi burundan yavaşça alıp yine burundan yavaşça vererek küçük nefes egzersizleri yapmayı deneyebilirsin. Ara sıra derin nefesler alıp gevşeyebilirsin.

Nefes almayı istesen de unutmazmışsın gibi geliyor sana ama aslında çok insan nefes bile almadan yaşıyor. Kısa kısa ve hızlı soluyarak geçip gidiyor hayat. Yüksek stres ve hız, nefes almaya imkân vermez. Ancak hayatta kalmak için soluk soluğa koşturur hızlı insan.

Oysa nefes sakin ve derin olandır. Yavaşça alınıp yavaşça verilen nefestir. Şimdi bir kez daha düşün bakalım, nefes alıp vermeyi hatırlıyor musun, yoksa hızla soluklanıyor musun sadece?

"Kendime nefes almam
gerektiğini hatırlatmam
gerekiyor, sanki kalbime
atmasını söylemek gibi
bir şey bu..."

– Emily Bronte

Egzersiz

Yavaşlamayla hareketsizlik aynı şey değildir. Bu ikisini birbirinden iyi ayırmak lazım... Sakinlikten ve yavaşlamaktan söz ederken, temelde stresi azalmaktan ve hiçbir şeye odaklanamamaktan bahsediyorum.

Ancak sakinlik, hareketsiz bir yaşam sürmek değildir elbette... Bilakis eylem dolu bir hayattır. Ancak sakin bir insanın hayatında boş eylem yoktur. Boşa koşturup durmak yoktur. Lüzumsuz stres ve endişe yoktur.

Stres hormonunu düşüren ve insanı sakinliğe kavuşturan etkili yöntemlerden biri de egzersizdir.

Yapmaktan keyif alacağın, yaşamının parçasına dönüştüreceğin bir egzersiz seç kendine... Yürüyüş, bisiklet, yüzme vs.

"Vaktim yok" diyen insan zaten hız tuzağına düşmüş olan kişidir. Yaşadığı stres ve korku yüzünden değil, egzersiz yapmak için vakit bulamadığından.

Dolayısıyla burada egzersiz yapmaya vakit ayır demiyorum. Kendine bir egzersiz seç ve yap diyorum.

Hâlâ vakitle ilgili anlaşmazlıkların varsa, hiç hız kaybetmemişsindir. Muhtemelen yavaşlamayı ve sakinliği ne kadar istesen de tanıdığı cehennemde yaşamayı tercih edenlerdensindir. Bilmediğin cennetlerden kaçıyorsundur.

Bu da bir seçimdir tabii...

Herkes kendi seçimlerinin sonucunu yaşar.

Tokluk mu, Doyum mu?

Hız dünyasında yemek yapmak da yemeği yemek de artık bir şekilde geçiştirilmesi gereken, üzerinde uzun uzadıya vakit kaybetmeden, bir iki atıştırmayla hemen hallolması gereken işlerimizden birine dönüştü.

Yemek yapmanın en kısa, en pratik, en hızlı yollarını tarif edip duruyor aşçılar... Pratik çorbalar, evde pratik makarnalar, pratik reçel yapımı, evde on dakikada yapabileceğiniz pratik kurabiyeler, on dakikada çıtır börek...

Devir hız devri... Yemeğin de en hızlısını ve en pratiği yapabilmeliyiz ki zaten bize artık hiçbir şekilde yetmeyen yirmi dört saatimizin kalanını ya ekran başında, ya sosyal medyada, ya trafikte, ya uykuda, ya akıllı telefon oyunlarında geçirebilelim.

Yemek yapmak ve yemek, şamanlarda çok kutsal bir ayin aslında biliyor musun?

Yemeklerini ağır ateşte pişirir şamanlar. Katiyen acele etmezler Yerken de temiz hazırlarlar sofraları ve ağır ağır yiyerek, hem yemeği verene, hem de pişirene şükranlarını sunarlar. Çabuk pişen ve çabuk yenen yemeğin "hayırlı" olmayacağına inanırlar. Hızla pişirildiği için yemeğe saygısızlık edilmiştir, yemeğin kendi faydalarını sunmasına izin verilmemiştir. Ayrıca hızla yiyerek insan kendi bedenine de saygısızlık etmiştir, yemeğin faydasına açmamıştır kendini... Onu hayatta ve güçlü tutan bu mükemmel alma-verme sistemine emek göstermediğinden karşılığında da değer bulamamış olur. Yani o yemek boşa gitmiş olur, heba edilmiştir, ne fayda alınmıştır ve fayda verilmiştir.

Neden?

Çünkü hız, yemeğe saygısızlıktır. Sağlığa saygısızlıktır. Sisteme saygısızlıktır.

Dolayısıyla çok eski kadim inançlardan beri yemeğin ağır ateşte pişmesi ve ağır ağır yenmesi gerektiği üzerinde hep durulmuştur.

Oysa günümüzde az önce belirttiğim gibi yemek sistemi bile hız ve pratik üzerine kurulu...

Burada seçim tamamen senin... Sakin insanın, zaman sorunu yoktur demiştik. Sakin insanın acelesi olmaz, sakin insan zaten hiçbir şeye gecikmez. Hiçbir işini halledemeyen, ne kadar koştursa da hiçbir şeye zamanında yetişemeyen kişi hızlı ve stresli olandır.

Acele eden geç kalır diye bir söz vardır.

Ne kadar koşarsan o kadar yetişemezsin hiçbir şeye...

Aynı şekilde yemek için de ne kadar hızlı ve pratik olmaya gayret edersen o kadar arkasından bakarsın sağlığının, sükûnetinin ve huzurunun...

Çünkü doyum başka şeydir, tokluk başka...

Doyuma sükûnetle gidilir. Yemeğin tadı çıkarılır, ağır yenir ve şükran duygusuyla bedene kabul edilir. O yemek zaten ağır ve sağlıklı piştiği için bu saygıyı hak eder ve yiyene doyum sağlar. Özenerek hazırlanmış sofralarda özenerek pişirilmiş, servis edilmiş yemekleri, ağır ağır ve sükûnetle yemenin verdiği doyumu, pratik yemekleri ayaküstü tüketerek, çalışma masasında yiyerek, mutfakta bir köşede tıkınarak elde etmen mümkün değil...

İlkinde sağlık ve doyum vardır. İkincisinde hız ve tokluk...

Biri yavaş olduğu halde uzun bir sağlık ve sükûnet sunar, diğeri hızlı olduğu halde kısa ve sağlıksız bir sürece iter seni...

Keşiflerle Dolu Bir Tatil

Tatil önemli... Ancak tatil deyince aklında canlananla, sakin bir yaşam inşa etmek için yapman gereken arasında farklar olabilir, şimdi bunun üzerinde duralım.

Tatile hız ve stres götürdüğünde yaptığın tek şey mekân değiştirmek olur sadece ki sen mekân değiştirdiğin için bile mutlu hissedebilirsin kendini çünkü yoğun bir kısırdöngüye dönüşmüş olan hayatından uzaklaşma hissi bile iyi gelir. Ancak bu yine de sakin, verimli, yaratıcı ve üretken bir tatil anlamına gelmez.

Sakin insan en çok tatildeyken ya da dinlenirken üretkendir. Çünkü yavaşlığın içinde yaratıcılık, deha, fikir ve ilham olduğundan sakin insanlar tatillerden çoğunlukla şahane yeni kararlarla, yeni başlangıçlarla, ilhamla, yeni fikirlerle, parlak düşüncelerle geri dönerler. Onlar için tatil sadece iyi geçmez, çok verimli ve hayırlı geçer. Zihnen, ruhen ve fiziksel olarak çok dinlenmiş olurlar.

Oysa bazıları tatile yorgun gider, daha yorgun döner...

Rutini bozulduğu için daha fazla stres, kaygı ve aksilik yaşar. Dinlenmeden geri döneceği telaşı yüzünden zihinsel olarak hiç rahatlayamaz. Zihni çözülmemiş sorunlarla doludur hâlâ. Sabahtan akşama kadar şezlongda yatarak dinlenmeyi umar, zihninin boşalmasını, bedeninin rahatlamasını bekler ama öyle olmaz. Saatlerini saniyelerini nasıl değerlendirmesi gerektiğinden emin olamayarak hem her şeyi yapmaya kalkışır, hem bir şey yapamaz. Yapamadıklarına öfke duyar, telaş içinde yaptıklarındansa zevk almaz.

Sakin insanın bir şeyleri yapma ya da yapmama telaşı yoktur. Zamanla ne yarışı vardır onun ne kavgası... Dilediği her şeyi yapmaya vakit bulur, yaptığı şeylerin içinde de yüksek bir tatmin, doyum ve dinlenme yakalar.

Sakin insan keşiflerle dolu tatilleri tercih eder.

Biliyorum, sakin insan deyince sabahtan akşama kadar deniz kenarında yatan kişinin o olması gerektiğini düşünüyorsun ama öyle değil. Ne demiştik? Sakinlik, hareketsizlik demek değildir, farkındalıklı eylemdir.

Sakin insanın tatili keşiflerle doludur. Gezer, araştırır, yolunu kaybeder, sonra yine bulur, kaybolduğu yerlerde eğlenir, yeni şeyler keşfeder, yeni insanlarla tanışır. Doğanın tadını çıkarır. Doğanın içindeki küçücük ayrıntıları görür, duyar, hisseder, yaşar. Hepsinin keyfini sürer içinde. Çünkü hepsinin bir karşılığı vardır onda... Tatilde de zihni mindful'dur. Tam odaklı, "an"a dikkat kesilmiş bir zihinle yaşar. Dolayısıyla birkaç haftalık tatilden aldıkları, kazandıkları ve kendine kattıkları, hızlı insanın aylarca tatil yaptığında bile kendine katamayacağı kadar yoğun ve verimlidir.

"Kıyı gözden kaybolmadan
yeni yerler keşfedemezsin."

– André Gide

Şehrin Kâşifi Olmak

Mindfull bir zihin için daha sık egzersiz yapmak istersen şehrin kâşifi olmanı tavsiye ederim. Yaşadığın şehirde bir keşif gezisi, hayatın boyunca unutamayacağın bir tatil kadar keyif verecektir, bunu sana temin ederim. "Keşke daha önce yapsaydım. Uzun yıllardır bu şehirde yaşıyorum ama hiç böylesi bir tecrübe yaşamadım" diyeceğinden eminim.

Araştırmak, gezmek, incelemek zihni mindfull tutmak için en etkili yöntemlerden biri... "An"a dikkat kesilmek için hiç çaba göstermeksizin, akışta bir odak yakalamak çok mümkün...

Mühim olan rutinin dışına çıkmak, ezberleri bozmak... Böylece her yenilik bir farkındalık, her farkındalık yeni bir bakış açısı, vizyon ve yaratıcılık kazandırır.

Antikacıları dolaşmak, şehrin kültürel zenginliklerine doğru bir keşfe çıkmak, belki bir basın müzesi gezip eski gazetelerin arasında güncel tarihin izini sürmek, sahaflarda eski kitapları keşfetmek...

Muazzam bir keşif yolculuğu sunacaktır.

Hiç acele etme... Süreci yaşamayacaksan, tadını çıkaramayacaksan, araştırdığın şeyin üzerinde demlenmeyeceksen bu da tıpkı çabuk pişen yemek gibi sağlık ve fayda kazandırmayacaktır sana.

Dem çok değerlidir.

Okuduğun, izlediğin, araştırdığın, gezdiğin, her şeyin sende demlenmesine izin ver.

Demlenmek derinleşmektir çünkü. Okuduğun şeyle ilgili derinleşebilmen için o süreçte demlenmeye ihtiyacın vardır. "En derin nehirler yavaşça akar" der bir atasözü... Aceleyle hayra, başarıya ve sağlığa ulaşan kimse ama hiç kimse yok.

Her şey derindir, her şey anlam yüküyle kaplıdır, her şey bize kendini azar azar gösterir. Beklemek, belirleyici bir eylemdir. Zaferlerimizin, karakterlerimizin bir parçasıdır beklemek. Japonlara göre kazanmak ve başarmak, *"en sabırlı"* olanın hakkıdır.

"Erdemin ruhsallığı,
dinginlikle yani zihnin
sakin mevcudiyetiyle
görülür. Huzur, sakin
cesarettir."

– Nitobe

-XXII-

Yargılamakta hızlı, kendimizi düzeltmekte yavaşız

Yargılama, muhakeme etme ve akıl yürütmedir. Olaylar ve durumlar üzerinde muhakeme kabiliyeti edinmenin elbette büyük avantajları vardır. Ancak herkes kendi vicdanında bir mahkeme kurup etrafındaki insanları görünüşlerinden tut da, konuşmalarına ve tutumlarına kadar yargılamaya, aklınca muhakeme etmeye kalkışırsa ne olur?

Kaos...

Kargaşa...

Savaş...

Haksızlık...

Doğduğun andan itibaren içinde kendini bulduğun aileden, sosyal çevreye ve coğrafi kültüre kadar dört bir yandan normlarla kuşatılmış haldesin. Hangisi doğru hangisi yanlış, hangisi iyi hangisi kötü, nasıl olmalı nasıl olmamalı, hangisi güzel hangisi değil, neden olumlu neden olumsuz, nasıl davranılmalı nasıl davranılmamalı, nasıl konuşulmalı nasıl konuşulmamalı, nasıl giyinmeli nasıl giyinmemeli?

Milyonlarca öğrenilmiş toplumsal, sosyal ve kültürler normlara sahipsin...

Senin dışındaki herkesi öğrenilmiş normların çerçevesinde değerlendirmeye başladığın an içinde bir mahkeme kurulmuş demektir ve birileri bu mahkemeden çıkacak karara göre ya kötü ilan edilecektir gözünde ya da iyi... Ya güzel olacaktır ya da çirkin... Ya doğru olacaktır ya da yanlış...

Buna senin mahkemen karar veriyor olacaktır ama karar ne olursa olsun yanlış olacaktır.

Çünkü sen olumlu da yargılasan, olumsuz da yargılasan karşındakini kendi öğrenilmiş normlarının süzgecinden geçirirsin. Onunkileri bilmiyorsun zira... Kendi bildiğine ve öğrendiğine göre değerlendirip hakkında bir karara ya da düşünceye varırsın. Aynı şeyi o da senin için yaptığında ortaya çıkan hal, haksızlıktan başka bir şey olmayacaktır.

Sana göre sokakta sakız çiğnemek ucuzluk ifadesidir, yakışık almıyordur ve bunu yapan her kişi ucuz olmakla yargılıyorsundur. Ona göre de sokakta sigara içmek bir ucuzluk ve kabalık ifadesidir, yakışık almıyordur ve sen bunu yaptığın için hakkında ucuz olduğun kararına varıyordur. Buna göre bir tavır ve tutum takınıyordur.

Senin kültüründe büyüklerin karşısında bacak bacak üstüne atmak saygısızlıktır, onun kültüründe samimiyettir, içtenliktir.

Sen başka öğrenmişsindir, o başka...

İnsanlar, kültürler, hayatlar, ilişkiler, koşullar bambaşkadır ve çok renklidir. Kimsenin kimseyi kim olduğuyla ilgili suçlayıp cezalandırmaya, yargılamaya hakkı yoktur.

Yargılamak konusunda ne kadar hızlı ve sertsen yaşadığın hayal kırıklıkları ve çatışmalar da o denli büyük olacaktır.

Başkalarının kusurlarına, eksikliklerine, zaaflarına fazla odaklı eleştirel insanlar hızlı ve stresli olanlardır. Çünkü onlar her an tehlike altında olduklarını düşündükleri için herkese ve her şeye karşı önyargılı hatta çok zaman sert yargılıdırlar. Acımasızca eleştirirler, zalimce yerden yere vururlar, vicdani hiçbir duyarlılık hissetmeden herkes hakkında doğru yanlış birtakım düşünceler ortaya atarlar. Düşüncelerinin doğruluğundan son derece emindirler. Belki bütün sarışınları tehlikeli buluyordur. Bir insanla ilgili alarm vermek için onun sarışın olması kâfidir. Okulda sigara içen bütün çocukların aileleri sorumsuz ve kötüdür. Eşine kahvaltı hazırlamadan işe giden kadınlar saygısızdır ve evliliği hak etmiyordur. Sevgilisinden yeni ayrılmış her genç kız, çiftler için potansiyel tehlikedir. Pahalı marka dolmakalem kullanan herkes zengin ve soyludur. Yoksul ailelerin çocukları genelde kötüdürler ve suça bulaşırlar.

Sonsuz yargı, eleştiri ve hata vardır bu tip insanların zihninde. Kendini eleştirmekten ve kendi eksikliklerine dikkat etmekten kaçınıp başkalarına odaklı yaşarlar.

Temelde özgüvensizlik, yetersizlik, korku ve endişe vardır elbette... Kendi bildiği doğrular cehennem bile olsa kendini güvende hissettiği bir cehennemdir. Ezberini bozan her şeye karşı önyargılı ve tepkiseldir. Tolerans eşiği, hoşgörü ve kabul eşiği ne kadar düşükse o derecede özgüven ve yetersizlik sorunu yaşıyordur, korku ve endişe içindedir.

Sen de biliyorsun ki özgüven sorununun temelinde yeterince sevilmemek, koşullu sevilmek, onaylanmamak, destek görmemek, kabul görmemek, dışlanmak ve cezalandırılmak var.

Ne kadar sert ve müsamahasız ise kişi, ne kadar esneyemiyorsa önüne çıkan koşullar karşısında o denli şiddetli bir özgüvensizlik ve korku yaşıyordur içinde. Özgüvensizlik ve korku içindeki insanın tepkisi ne olur peki?

Elbette öfke ve şiddet...

Unutma ki yargılayan yargılanır, esnemeyen kırılır...

İnsan her zaman haklı değildir, bazen eksiktir, bazen hatalı. Bir insanın tüm hayatını, düşüncelerini kirli bir yargıyla bozguna uğratmak suçtur. His ve aklın bileşkesinden kaçan tüm düşünce akımları tehlikelidir. Her yargılama en derin benliğimizin bir parçasıdır. Kendi değerimiz ve karakterimiz doğru ya da yanlış bütün yorumlamalarımızın, eleştirilerimizin, yargılarımızın bir parçasıdır.

Bilge insan, hayatını sakin ve sağlıklı yaşayan insan yargısız insandır. Kimseyi kendi normlarının içine sıkıştırmayı düşünmez bile. Bunun büyük bir haksızlık olacağını bilir zaten. Onun kendinden başka sorguladığı hiç kimse yoktur. Nasıl daha iyi, daha yargısız, daha kabulde, daha sakin olabileceğinin düşüncesindedir o. Kendi mermerini yontar sadece, kendinden ne kadar mükemmel bir heykel çıkarabilirse o denli tatmin bulmuş, kalitesi yüksek bir yaşam sürmüş olacaktır çünkü. Bu yüzden çekici de kendi mermerine vurur, kimseninkine dokunmaz.

Harvard Üniversitesi'nde yapılan bir araştırmaya göre birini değerlendirmek için birkaç saniyeden daha fazla zaman harcamıyoruz aslında. O birkaç saniye içinde elde ettiğimiz verilerle oluşan yargılarımız ise iki temel soruya dayanıyor:

Bu kişiye güvenmeli miyim?

Bu kişi saygımı hak ediyor mu?

Uzmanlar ilkine "sıcaklık", ikincisine "yeterlilik" adını veriyorlar.

Güven duygusu, insanın yaşamsal ihtiyaçlarından biri... Yeme, içme, barınma gibi temel ihtiyaçlarını da hayatta kalma güvenini yakalamak için karşılama çabasındadır her zaman. Dolayısıyla sosyal yaşamında da karşısına çıkan her insanın güvenilir olup olmadığını sorgular hayatta kalmak için... Karşımdaki güvenilir mi değil mi? Üstelik bunu sadece ilk birkaç saniye içinde yapıyor.

Sonrasındaki sorgusunda saygı ve sıcaklık var... Kişi güvenilirse eğer, onu kendine yakın bulup bulmadığına karar verir. Saygımı hak ediyor mu, etmiyor mu? Eğer o konuda da bir tehlike ya da tehdit söz konusu değilse karar verilmiştir artık.

Karşısında ona zarar vermeyeceği belli olan, saygısını hak eden, tehdit oluşturmayan biri vardır.

Burası güvenlik taramasıdır aslında.

Tehlike ve tehdit altında olup olmadığına karar verdiğin yerdir.

Bu noktadan "Güvenli!" mesajı aldıktan sonra devreye senin ustalığın girer. Ne kadar bilge olduğun ya da olmadığınla ilgilidir bundan sonrası...

Karşındaki güvenilir kişiyi dövmeleri çok diye asi buluyorsan, makyajı fazla diye ucuz buluyorsan, kıyafetleri pahalı değil diye değersiz buluyorsan ya da tam tersine karşındaki kişi güzel diye onu çok yetenekli buluyorsan, kıyafetleri pahalı diye kaliteli buluyorsan, çok konuşuyor diye bilgili buluyorsan içindeki bilgenin sesini hiç ama hiç işitemiyorsundur ne yazık ki...

"Her azizin bir geçmişi,
her günahkârın bir
geleceği vardır."

– Oscar Wilde

İşin daha da acıklı yönü, hikâyesini öğrendiğimiz insanları, yaşadıklarından dolayı yargılayıp geleceklerini baltalamak olur maalesef...

Herkesin bir hikâyesi vardır kabul... Hepimiz uzun yollardan geçip geldik bugüne ve önümüzde daha neler var bilmiyoruz.

Her an her şey olabilir, hayatın yönü her an başka bir yere çevirebilir yüzünü.

Hikâyelerimiz bizi biz yapan tecrübelerle, iyi-kötü kahramanlarla doludur. Herkesin hikâyesi farklı, kahramanları farklı, tecrübesi farklı... Birini geçmişiyle yargılamak, geçmişinden dolayı onu tehlikeli veya yetersiz olmakla suçlamak ve değersizleştirmek büyük haksızlıktır.

Kimse geçmişinden dolayı suçlu değildir. Kimse doğduğu yerden dolayı suçlu değildir. Kimse yaşadığı kültürden dolayı eksik ya da yetersiz değildir. Kimse coğrafyasından dolayı suçlanmayı ve değersizleştirilmeyi hak etmez.

Yeter ki Yargısız Olsun Hayat

Kimleri neyle yargıladığına bak. Aileni, akrabalarını, arkadaşlarını, sosyal çevreni... Herkesi yatır masaya ve kimleri nasıl değerlendirdiğini yaz. Olumlu yargılarını da yaz, olumsuz yargılarını da...

Aynı şeyi kendin için de yap sonra. Kendinle ilgili olumlu yargılarını da yaz, olumsuz yargılarını da...

Neden böyle düşündüğün, böyle yargıladığın sorusunu sorduğunda aldığın cevap tek satır olacaktır, emin ol...

İşte o satırı da buraya yaz ve hiç unutma...

Malum, kusur arayan kusur bulur. Çözüm arayansa çözüm bulur. Çaresizlikten yakınıyorsan hiç aramamışsın demektir. Huzur arıyorsan hiç emek vermemişsindir.

Eleştiri, her zaman eleştiridir. Kusura bakmak, yanlışı görmek ve hırpalamaktır. Olumlu ve yapıcı eleştiri diye bir şey yoktur. Eleştiri, yapısı itibariyle olumsuzdur.

Birini eleştiriyorsan emin ol yapıcı ve olumlu değilsindir. Neyi neden yapamadığına odaklısındır.

Kusurun üzerinde durup debeleniyorsundur.

Amacın çözümse zaten onu sunarsın karşı tarafa.

Nasıl mı?

Örnekle anlatmak daha kolay olur sanırım...

Eleştiri:

"Her zaman çok dikkatsizsin, dalgınlığın maalesef bize pahalıya patlıyor. Gözünü açman lazım. Not tutamıyorsun. Bilgiler hep eksik geliyor. Konuştuğumuz şeylerin çoğunu notlarında göremiyorum. Aklını vermiyorsun. Kafan başka yerde olmalı. Ama daha odaklı olursan bu senin için iyi olur. Burada yükselirsin."

Bu bir eleştiridir işte. Her ne kadar iyi niyetli, yapıcı, olumlu bir eleştiri olduğu yönünde savunulabilir gibi görünse de öyle değil. İyin niyetli, yapıcı bir eleştiri değil bu. Zaten eleştirinin de yapıcı ve olumlusu yoktur demiştik. Bu tamamen kusura odaklı bir eleştiri... Buradan verim çıkmaz, buradan fayda elde edilmez.

Çözüm odaklılık:

"Toplantıda konuşulan her şeyi not almanı rica ediyorum senden. Zorlanacağını düşünüyorsan ses kaydı da açabilirsin. Bu belki işini kolaylaştırır. Teşekkürler..."

Bu kadar...

Amaç çözüm odaklılıksa karşıdaki insanın kusurlarına odaklanarak sözde yapıcı ve olumlu davranmaya çalışarak, onun motivasyonunu ve kendine güvenini yerle bir ederek çözüme ulaşmak mümkün değil... Çünkü burada amaç zaten çözüme ulaşmak da değil... Kişinin kendini tatmin etmek istemesidir bütün mesele... Elbette diş geçirebildiği insanları eleştirmek çok tatlı geliyor olabilir. Çoğu zaman başkasını ezerek kendini yüceltmeyi tercih eder insan. Burada gizli bir tatmin, yükseklik hissi ve iyilik hali bulur. Oysa başkasını ezerek yükseldiğini hissedenler başkalarının altında ezilenlerdir çünkü belli ki güçlerini kendilerinden değil başkalarının güçsüzlüğünden alıyorlardır.

Birileri seni eleştirdiğinde onun ne kadar mutsuz ve özgüvensiz olduğunu hatırlat kendine...

"Kusur arıyorsan,
tüm aynalar senin."

– Mevlana

Beni Yargılama

Çocuk öğretmeninden yardım isteyen bakışlarla baktı yüzüne ve "Kendimi çok kötü hissediyorum" dedi. "Hiçbir şey yapacak gücüm yok gibi. Benim işe yaramaz olduğumu, hiçbir işi doğru dürüst yapamadığımı, sakar ve çok aptal olduğumu söylüyorlar. Nasıl daha iyi olabilirim? Bana daha çok değer vermeleri için ne yapabilirim?"

Öğretmen ona bakmadan şunları söyledi:

"Çok üzgünüm evlat, sana yardım edemem, önce kendi sorunumu çözmeliyim. Belki sonra."

Uzun bir sessizlikten sonra öğretmen çocuğa bakıp, "Eğer bana yardım etmek istersen, bu sorunu daha çabuk çözebilirim ve sonra belki ben de sana yardım edebilirim" dedi.

"Ben... Ben yardım etmekten çok memnun olurum öğretmenim" dedi çocuk heyecanla fakat yine hor görüldüğünü ve ihtiyaçlarının ihmal edildiğini hissetmişti.

"Güzel" dedi ve kabul etti öğretmen.

Sol elinin serçeparmağına taktığı yüzüğü çıkardı ve çocuğa verdi.

"Dışarıdaki atı al ve çarşıya sür. Bu yüzüğü satmalıyım çünkü bir borcu ödemek zorundayım. Bu yüzük için mümkün olan en yüksek ücreti alman gerek, sakın bir altından daha az ücreti kabul etme. Şimdi git ve parayla birlikte mümkün olabildiğince çabuk geri dön."

Çocuk yüzüğü aldı ve gitti. Çarşıya varır varmaz yüzüğü tüccarlara sundu. Çocuğun bu yüzük için ne kadar ücret istediğini öğreninceye kadar dikkatle incelediler yüzüğü...

Çocuk altın para istediğinden söz edince kimileri güldü, kimileri geri çevirdiler onu.

Ancak yaşlı bir adam, bir altın paranın bu yüzük için fazla olduğunu nazikçe açıklamaya çalıştı.

Yardıma gönüllü biri, çocuğa bir gümüş para ve bakır tava teklif etti ama altın paraya tembihlenen çocuk teklifi kabul etmedi.

Elindeki yüzüğü çarşıda yüzden fazla kişiye sunduysa da umduğunu bulamayıp atına bindi ve geri döndü.

Çocuk, öğretmeninin istediği altın parayı keşke kendisi kazanabilseydi, nasıl da mutlu olurdu. O zaman öğretmenini sorunundan kurtarmış olurdu ve nihayet kendi sorunu için yardım isteyebilirdi ama olmadı.

Öğretmeninin odasında girdi, "Üzgünüm..." dedi. "İstediğinizi getiremedim. Bende sadece iki üç gümüş para var. Yüzüğün gerçek değeri konusunda kimseyi ikna edemedim."

"Söylediklerin çok önemli" dedi öğretmeni gülümseyerek. "Öncelikle yüzüğün gerçek değerini öğrenmeliyiz. Tekrar atı al ve kuyumcuya git. Yüzüğün değerini ondan daha iyi kim bilir? Ona yüzüğü satmak istediğini söyle ve yüzük için kaç para verebileceğini sor. Kaç para teklif ederse etsin, yüzüğü sakın ona satma olur mu? Yüzüğümle birlikte buraya geri dön."

Çocuk at sırtında çarşıya gitti yine. Kuyumcuyu bulup verdi yüzüğü... Kuyumcu dikkatle inceledi yüzüğü, kocaman bir büyütecin ardından baktı uzun uzun...

"Evlat..." dedi. "Eğer öğretmenin yüzüğü şimdi satmak istiyorsa ona 58 altından fazla veremeyeceğimi söyle."

"58 altın mı?" diye haykırdı çocuk.

"Evet..." diye yanıt verdi kuyumcu. "Zamanla 70 altın değerine yaklaşabileceğini biliyorum ama şimdilik verebileceğim bu..."

Aklı iyice karışmıştı çocuğun. Neler olduğunu anlamak için bir an evvel öğretmenin yanına döndü. Kuyumcunun verdiği fiyatı anlattı bir solukta.

Öğretmen gülümsedi, "Otur şöyle..." dedi. "İşte sen de bu yüzük gibisin. Bir mücevhersin, değerli ve eşsizsin. Ancak gerçek bir usta seni doğru anlayıp doğru değerlendirebilir. Neden herkes senin gerçek değerini biliyormuş gibi davranıyorsun?"

Çocuk almıştı sorusunun cevabını. Öğretmeni de yüzüğünü sol elinin serçeparmağına takmıştı yine...

Başkalarının seninle ilgili yargılarını, eleştirilerini sakın satın alma... Çünkü herkes kendi ederi kadar bakıp eleştiriyor, yeriyor seni. Onların gözünde daha değerli, daha iyi, daha parlak olamazsın. Çünkü belli ki onlar ziyadesiyle kör. Olgun bir yürek, gerçek bir usta karşısındaki hiç kimsenin daha iyi olmasını beklemez, onun zaten olması gerektiği hali deneyimlediğini bilir ve kabul eder.

Eleştiriyorlarsa, yargılıyorlarsa, yeriyorlarsa bil ki öfke ve güvensizlik içindedirler. Korku içindeki insanların sana değer biçmelerini bekleyemezsin. Ayrıca yaşam amacın birilerinin onayını olmak da olamaz hiçbir zaman...

Eleştiri karşısında sakin kal... Tahammül etmekten, katlanmaktan, sineye çekmekten söz etmiyorum. Tahammül etme, katlanma... Sadece sakin kal ve güçsüz yapılı karşı tarafın sende uyandırdığı gelip geçici duygulara kapılarak duygusal kararlar verme, duygusal tepkiler gösterme.

-XXIII-

Sakin bir hayat için küçük ipuçları

- "Hep kazanacağım ve her şeye yetişeceğim" yanılsamasından kurtul. Bu bir tuzak... Hep kazanmak mümkün değil, ayrıca her yere ve her şeye yetişemezsin. Koşturmaktan vazgeç... Yavaşla... Yapmak zorunda olduğunu sandığın çoğu şeyi aslında hiç yapmak zorunda değilsin.
- Bir haftalık sosyal medya diyetine ne dersin? Yavaşlamak için şahane fikir... Hayatında pek çok şey için öylesine geniş ve huzurlu bir alan açılacak ki bunu neden daha önce yapmadığını sorgulayabilirsin.
- Mindfullness'te ilerleme kaydet... "An"a dikkat kesilmek, "an"ın içinde olanın farkında varmak çok kıymetli bir kazanım. Özellikle verimlilik ve zaman açısından çok önemli kazanımlar sağlayacaktır. Yavaşlamanın ilk adımı "an"a dikkat kesilmektir. "An"ın içinde olana saygı duymaktır. Geçmiş değiştirilemeyecek, gelecek ise öngörülemiyor, her şey hep bir olasılık... Değişimin gerçekleştiği tek yer an... Şu an yaptıklarına ve yapmadıklarınla kendine bir gelecek inşa ediyorsun zaten. Gelecekte ne olacağını anlamak için de "an"a dikkatli bakmak gerekiyor aslında...

- Doğayı örnek al... Doğada hiçbir şey hızlı değildir. Her şeyin bir zamanı ve kendi içinde bir ritmi vardır. Olması gereken, olması gerektiği zamanda olur zaten... Doğa sakindir. Telaş içinde değildir. Korku ve panik yoktur doğada... Değişime direnç de yoktur.
- Yavaş tüket... Yemeği de yavaş tüket, parayı da... Aşkı da fırsatları da... Eşyaları da arkadaşları da... Her şeyi yavaş yaşa... Hepsini yavaş deneyimle... Acele etme... Yemeği hemen mideye indirme, paranı hemen harcama, ilişkine hemen bir isim bulmaya çalışma, arkadaşlıklarında hızlı ve yüksek beklentili olma, hemen vazgeçme, hemen kabul etme...

Yavaşla...

Haşlanan Kurbağa Sendromu

Meşhur bir deneye göre su dolu kocaman bir tencerenin içine atılan kurbağa, burada yavaş yavaş ısınmaya başlar. Su ısındıkça kurbağa da kendi vücut sıcaklığını suya göre ayarlayarak artırır. Ancak suyun sıcaklığı giderek yükselir. Kurbağa da içinde... Su giderek kaynama noktasına yaklaşıyordur fakat kendi vücut ısısını artırmaya devam eden kurbağa, yaşamsal fonksiyonlarını kaybetmek üzere olduğunun farkında değildir... Kurtulmak için yapması gereken hamle geciktikçe, bedeni giderek fonksiyonlarını yitirir. Böylece kurbağa haşlanarak ölür... Yani can vermekte olduğu koşullara alışkanlık ve uyum göstermeye çalışarak ölür kurbağa...

Oysa kaynar suyun için atılan diğer kurbağa, sıcak suya değer değmez can havliyle kendini dışarı atıp kurtulmayı başarmıştır.

Bu kurbağayı kurtaran can havliyse, diğerini öldüren ne?

Suyun ısısının yavaş yavaş yükseliyor olması mı?

Kurbağanın dışarı ne zaman çıkması gerektiğine karar verememesi mi?

Sessiz Bozulmaya Uyum Sağlama

Haşlanan kurbağa sendromu çok önemli bir şey anlatır aslında bize... Eşsiz bir metafordur da aynı zamanda... Çünkü hepimiz tıpkı deneydeki haşlanan kurbağa gibi değişen ve giderek güçleşen yaşam koşulları karşısında vücut ısımızı artırmaya devam ederek sürdürüyoruz hayatlarımızı. Koşullara alışmak ve hayatta kalmak için kendimizi dışarıya göre şekillendirmek lazımmış gibi davranıyoruz. Daha hızlı, daha agresif, daha kaygılı, daha hırslı, daha çetin bir tutum takınarak vücut ısımızı artırdığımızda güçleşen koşullar karşısında hayatta kalma şansımızı artırdığımızı sanıyoruz ama aslında deneydeki kurbağa gibi haşlanıyoruz farkında bile olmadan...

Bu yüzden mühim olan katlanabilme becerisi geliştirmek değil, sınırları sağlıklı belirleyebilmek... "Hayır" demeyi öğrenemediğimiz sürece, farkında olmadan haşlanacağız bu hayat tenceresinin içinde.

Deneyler

19. yüzyılda kurbağaların yavaş yavaş ısınan suya tepkisini gözlemlemek için birkaç deney yapıldı. 1869'da Alman fizyolog **Friedrich Goltz**, beyni çıkarılmış bir kurbağayı yavaşça ısıtılan suya bıraktı. Ancak su sıcaklığı 25°C'ye ulaştığında bozulmamış kurbağanın sudan kaçmaya çalıştığını gördü.

Heinzmann tarafından 1872'de yapılan bir deneyde ise, normal bir kurbağanın, suyun yeterince yavaş ısıtılması durumunda kaçmaya çalışmadığı görüldü. Her ne kadar bu deney 1875'te **Fratscher** tarafından onaylansa da bazı deneylerde aksi durumlar da gözlemlendi.

1888'de **William Thompson Sedgwick**, bu deneylerin sonuçları arasındaki açık çelişkinin deneylerde kullanılan farklı ısıtma oranlarının bir sonucu olduğunu söyledi.

Haşlanan Kurbağa Sendromu, daha önce de söylediğim gibi insanların yavaşça gerçekleşen değişiklikler karşısında tepkisiz kalmalarını, böylece büyük felaketlere maruz kalmalarını açıklayan bir metafor olarak da kullanılıyor sıklıkla.

Görünmez hale gelen ihtiyaçlarımızla, arzularımızla ve duygularımızla bağlantımızı kesme noktasına geldiğimiz yerdir burası... Kendimize karşı hissizleştiğimiz, ne istediğimizi bilmediğimiz, neye ihtiyacımız olduğundan tam olarak emin olamadığımız yer.

Bu pasiflik ve boyun eğme davranışı genellikle empatiyle, sevgiyle, kabullenmeyle ve iç huzuru gibi diğer sağlıklı davranışlarla çok karıştırılır.

Suyun ısısının giderek artması ve yaşamsal fonksiyonları tehdit eder seviyeye gelmesi karşısındaki hissizleşme ne empatidir, ne sevgidir, ne de kabullenme...

Burada durum ciddidir. Dikkate almak gerekir. Donmadan önceki tatlı uykunun hissizliğine benzer bir tepkisizlikten söz ediyorum... Hayat seni giderek nefes alamayacağın kadar zorlarken, senin kendini akışa bırakman, sevgi ve teslimiyet değildir.

"Hayır" demeyi tamamen unutmuş olmandır. Sınırlarının ihlaline artık göz yumuyor olmandır.

Kendini keşfetmek ve sınırlarını hatırlamak için bir süre rahatsız hissedebilirsin. Ancak yine de kendine sınırlar çizmek zorundasın. Aksi halde suyun ısısının yükselmeye devam ettiğini ve seni haşlama noktasına ulaşmakta olduğunu fark etmeyebilirsin bile...

Lütfen linkini verdiğim videoyu izle...

-XXIV-

Seni rahatsız eden bir problemin çözümünü asla yarına bırakma

---

Çok sevdiğim bir söz vardır: *"Mükemmel bir hayatı olan insanı makul bir hayatı olan insandan ayıran şey korkularının olmaması değildir, bahanelerinin olmamasıdır."*

Bazı sorunlarımızı çözmekten vazgeçmemiz veya yarına ertelememiz genelde beceriksizliğimizden değil, şüphelerimiz ve korkularımız yüzündendir.

Herkes Pandora'nın kutusunu açmaya hazırlanırken korkar, korktukça da öfkelenir. Sorunlarımızı erteliyor olmamızın nedenlerinden biri de kara kutumuzun açılacak olmasıdır elbette... Karşımıza ne çıkacağından emin olamayız, kontrolü kaybetmek istemeyiz.

Ertelediğimiz şeyi yüzleşmeler zannederiz ama aslında çözümleri ertelemiş oluruz. Çareleri öteleriz. İteriz korkumuzdan. Yüzleşmekten kaçındığımız her şey yerine geri koyamayacağımız zamanlarımızı çalar bizden.

Bir sorunun çözümünü ertelemek, yüzleşmeden kaçınmak gibi görünse de çözümleri öteler. Çözümler itelendikçe sorunlar daha da içinden çıkılmaz bir hale gelir ve yeni çareler bulmak zorunda kalır insan. Lüzumsuz bir kısırdöngüdür bu.

Bu yüzden hiçbir bahaneyle hiçbir çareyi, yüzleşmeyi ve çözümü ertelememek gerekir. Bir şeyi gerçekten istiyorsan, onu mümkün olduğunca erken yapmaya çalış. O sorun gerçekten çözülsün, bitsin istiyorsan, sorunu erteleme... Sorunun içinde bekleyen çareyi de ertelemiş oluyorsun çünkü... İhtiyacın olan çareyi al...

Ertelemenin içinde korku vardır, yalanlar vardır, bahaneler vardır ve hiçbiri iyi gelmez insana. Yorar. İşi yapmak ertelemekten daha az yorucudur bu yüzden. Sorunsuz ve sakin bir hayat için çözümcü olmak zorundasın. Sakin yaşayan insanın hayatında bahaneler yoktur. Erteleme, öteleme, üzerini örtme, kaçma, inkâr etme ve isyan yoktur.

1. Öncelikle bu hafta yapmak isteyip de yapamadığın ne varsa hepsini yaz.

2. Hayatın boyunca yapmak isteyip de yapamadığın ne varsa hepsini yaz.

Sonra bu iki listeyi de al ve maddelerin karşısına neyin neden olmadığını bir cümleyle ya da tek kelimeyle ekle...

Neyin neden olmadığıyla ilgili yaptığın tek kelimelik ya da tek cümlelik açıklamalarının hepsi birer bahanedir. Sığınılmış bir yalandır. Göreceksin ki bu hayatta seni senden daha fazla erteleyen başka kimse yoktur.

"Bir bahane bir yalandan
daha kötü ve daha
korkunçtur, çünkü bahane
korunan bir yalandır."

– Papa John Paul II

Ertelemek yerine yüzleşmeyi seç. Hem vakit kazanmış olursun hem çözüm elde edersin.

Kimler Yüzleşmekten Kaçar ve
Hep Bahanelere Sığınır?

Mükemmeliyetçiler: Yargılanmaktan ve küçük düşmekten korktukları için genelde ertelemekten yana olurlar ve hep bir bahaneleri vardır. Hata yapmaktan kaçarken daha fazla hata yaparlar. Mükemmeliyetçilerde, sakınan göze çöp batar hep.

Korkaklar: Sorumluluktan kaçarlar. Bu yüzden büyük hayalleri, hedefleri yoktur onların. Ellerindeki işi asgari müşterekte iyi yapabiliyor olmak koca bir hayat sürmek için kâfidir. Büyük sorumlulukların büyük acılara ve büyük çabalara yol açacağı korkusu yüzünden hep bahaneleri vardır. Kanatlarının büyüklüğünü bilmezler. Çünkü bir kez bile kanat açmaya cesaret edememişlerdir. Hayat, altından kalkılamayacak kadar güç bir iştir onlara göre, bu yüzden her şeyi hep ertelerler. Sorunları çözmezler, ötelerler. Böylece daha çok yorulurlar ve korkarlar... Korkuları yeni korkular doğurur.

İşkolikler: Sorunları çözmekten ve sorunlarla yüzleşmekten öylesine korkup kaçarlar ki bu yüzden deli gibi çalışırlar. Mutfakta bile bilgisayarları açık otururlar. Kahve içerken mail atabilirler. Durdukları an öleceklermiş gibi hissederler. İş dışında her şeyi ertelerler. Hep bir bahaneleri vardır. Yavaşlamamak için bahane üretmek konusunda ustadırlar.

-XXV-

Su gibi olmak

"Su her şeyi yener, çünkü her şeye uyum sağlar.
Sıvı, katı ya da gaz olabilir.
Yumuşak veya sert, eğilmez veya elastik olabilir.
Su yavaş akabilir, yuvarlanabilir, bir engelden
kaçabilir ya da onunla şiddetle çarpışabilir.
Yağabilir veya sıçrayabilir. Su, stratejik olarak
farklı koşullara uyum sağlama yeteneğiyle,
değişimin doğal benzeşimidir."

Hayatın içinde her alanda daima su gibi ol...

Nasıl mı?

Wu Wei ile...

Wu Wei Tao felsefesinde çok değerli öğreti... Öğretilerini doğanın içinden alan Tao felsefesi, Wu Wei öğretisini sudan alır.

Bu öğretiyi sudan nasıl elde ettiler peki?

Tabii ki suyu çok uzun zaman izleyerek...

Doğanın içindeki suyu izlediler, dağlardan akan suları, nehirleri, ırmakları, çağlayanları, durgun suları, çamurlu surları... Hepsini... Ve suyun içindeki terbiyeyi, disiplini gördüler, anladılar. Böylece hayatın içinde de kullanmaya başladılar.

Suda dirençsiz bir çözüm buldular.

Doğadaki suyu izle ve yaşamına katacağı bilgeliği kabul et. Su her zaman yolunu bulur ve hep kendi yolundan gider. Doğasında zorlama yoktur. *Her şeyi yener, çünkü her şeye uyum sağlar. Sıvı, katı ve gaz halinde olabilir. Hem yumuşaktır hem serttir. Eğilmez, bükülmez, kırılmaz. Yavaş akabilir, yuvarlanabilir, bir engelden kaçabilir, onunla şiddetle çarpışabilir ya da etrafından süzülüp akmaya devam edebilir. Yağabilir, sıçrayabilir. Her koşulla uyum içindedir. Uyumun içindeki çözümdür. Çünkü hep akışkandır.*

Su hep yenilenir, tazelenir, değişir...

Değişim, farklılaşmak değildir aslında... Tam tersine uyumlanmaktır. Sudaki uyumlanmadır kıymetli bir değişime verilebilecek en iyi örnek...

"Hayat değişiyor, ben de değişmek zorundayım" endişesi hızlı ve stresli insanın endişesidir. Sakin insan başkalaşmak peşinde değildir, o uyumun içindeki çözümün derdindedir.

"Ne en güçlü olan tür
hayatta kalır ne de en
zeki olan... Değişime en
çok adapte olabilendir,
hayatta kalan."

– Charles Darwin

Uyum, doğanın temel prensiplerindendir. Doğayla uyumlanan hayatta kalır. Elbette kolay bir iş değildir uyumlanmak. Bilgi ister, zaman ister, sakinlik ister, anlayış ister, emek ister. Öyle bir sabah uyandığında kendiliğinden gerçekleşmiş olmaz.

Uyumlanmanın önündeki temel engellerden biri bağımlılığa dönüşmüş rutinlerdir. Bağımlısı olduğun her kısırdöngü, seni su gibi olabilme sanatından ayrı düşürür.

Bağımlılığa dönüşen rutinleri kırabilmek çok önemli.

Bunun için birtakım egzersizler yapmak gerekir.

Günlük rutinlerinin hepsini listele... En önemsiz gördüklerinden başlayarak en köklü ve en vazgeçilmez alışkanlıklarına kadar sırala...

Sonra en önemsiz gibi gördüğün alışkanlığından başlayarak birer haftalık rutin diyetleri uygula...

Mesela sabahları şekersiz bir kahve içmeden güne başlayamıyor musun?

Bu rutininle ilgili bir hafta diyet yap ve güne bir hafta boyunca kahve içmeden başla...

Rutinlerini kendi iradenle kontrol edebilmeye başladığın gün, hayatının efendisi sensindir.

Değişim zamanı geldiğinde bunu hissedersin merak etme... Değişmekten korkma... Her su içtiğinde ya da suyu her izlediğin manzarada hep şunu düşün:

Su her şeyi yeniyor, çünkü sürekli, akışkan ve sakin...

Su hiçbir şeyle çatışmıyor. Her koşulla uyum içinde.

Ve hep kendi yolunda...

İşte değişimin, uyumun ve akşın en kıymetli formülü bu...

Hep kendi yolunda ve uyum içinde olmak...

Su gibi aziz ol. Su gibi var ol. Su gibi ömrün olsun...

-XXVI-

Üç maymun

Üç Maymun sembolü, 17. yüzyılda Japonya'da ortaya çıktı. Filozof Konfüçyüs'ün öğretilerini ifade etmekte kullanılan en güçlü ve en eski sembollerden biridir.

Mizaru: Kötüyü görme.

Kikazaru: Kötüyü duyma.

Iwazaru: Kötüyü konuşma.

"Kötülük görmeyin, kötülük duymayın, kötülük etmeyin" anlamına geliyor üç maymun sembolü...

Bu felsefe 8. yüzyılda bir Budist efsanesiyle Japonya'ya geliyor Çin'den... İlkenin kökeni Konfüçyüs'e dayanıyor ve *davranış kurallarını* içeriyor aslında. Konfüçyüs'ün *"Uygun olmayana bakma, uygun olmayanı dinleme, uygun olmayanı konuşma, uygun olmayan şekilde hareket etme"* sözlerine dayanıyor.

Iwazaru/ağzını kapatan maymun/ortadaki: Kötülüğün yayılmamasını ve yayılarak başkalarına bulaşmamasını ifade eder. Hatta bir yerde kendi memnuniyetsizliğini ya da negatif düşüncelerini başkalarına aktarmamayı da tavsiye eder. Söyleyecek iyi bir şeyin yoksa kötüyü de söyleme o zaman der. Olumsuzluklardan kaçının, kötülüklere dokunmayın, kötü ağızla konuşmayın anlamı taşır.

Kikazaru/*kulağını kapatan maymun/soldaki:* Dedikoduya, söylentilere, yalanlara, eleştirilere ve kötü haberlere karşı sağır kalabilmek çok önemlidir. Bazı bilgiler lüzumsuzdur, zarar verir ve bilmeye gerek yoktur. Bazı haberler ve bilgiler kulaklara ulaşmamalıdır. Kötü haberleri işitmeye engel olamıyorsan, bunlara sağır kalmayı becerebilirsin ama... Kulağını kötüye kapat... Çünkü kulaktan giren her şey sadece bilgi değildir, bazıları zehirdir.

Mizaru/*gözlerini kapatan maymun/sağdaki:* Kötüyü görme, kabul etme, izleme... Her şeyi görmek zorunda değilsin, kötü olandan kendini sakınmasını bil. Gözlerini kötüye açma ki yayılmasın, beslenmesin, ezberlenmesin, kabul görmesin...

Genel olarak üç maymun sembolü, zararlı ya da olumsuz düşünceler söz konusu olduğunda tedbirli olmak gerektiğini hatırlatır.

- Kötü söz söyleme.
- Kötü sözü dinleme.
- Kötüyü izleme.

Japonya'nın Nikko şehrindeki Tosho-gu Tapınağı'nda bulunan üç akil maymun oyması, sanatçı heykeltıraş Hidari Jingoro, 17. yy

-XXVII-

Herkesi memnun edemezsin

"Sınırları koymaya cesaret etmek, başkalarını hayal kırıklığına uğratacağımız zamanlarda bile, kendimizi sevme cesaretine sahip olmakla ilgilidir."

– Brene de Brown

Herkesi memnun edemezsin çünkü sen bir insansın...

Ayrıca senin görevin herkesi memnun etmek değil. Hem kimse senden böyle bir şey beklemiyorken, daha doğrusu kimsenin senden bunu beklemeye hakkı yokken sen neden onlara bu hakkı verdin ve hepsini memnun etmek zorunda hissediyorsun şimdi kendini?

Başkalarını memnun etmek için çabalamak, kendinden vazgeçmektir. Kendini unutmaktır, sevmemektir, kendini tanımamak ve hiç saygı duymamaktır.

Sence kendinden vazgeçmiş, kendini unutmuş, kendini tanımayan, hatta kendine hiç saygısı kalmamış birini başkalarının sevip sayması, değer vermesi mümkün mü?

Katiyen değil...

Senin öncelikli sorumluluğun sensin... Kendin olmalı, kendin gibi yaşamalısın. Kimsenin mutluluğundan, başarılarından, sağlığından, işinden, hayatından sorumlu değilsin. Çocuğunla ilişkinde bile bu açıdan sınırların olmalıdır. Dünyada en çok sevdiğin insanın bile senden sınırsızca talepte bulunma ve senin tarafından mutlu edilmeyi bekleme hakkı yoktur.

Kendini feda ederek kimsenin sevgisini, saygısını ve güvenini kazanamazsın. Bilakis kaybedersin. Çünkü bütün bunlar giderek görevin haline dönüşür, fedakârlığın giderek mecburiyet halini alır ve sen ilk "hayır" deyişinde herkesi kaybedersin.

Sınırların senin özel alanındır. Özgürlük alanındır. Kendin olabildiğin yerdir ve kimse tarafından ihlal edilemez. Sınırı aşmaya yeltenen herkese "Hayır, teşekkür ederim" diyebilmelisin.

Hiç gitmek istemediğin bir davete kırılmasınlar diye katılıyorsan, sevmediğin halde ayıp olmasın diye sunulan yemeği zorla yiyorsan, rahatsız olduğun halde yanında sigara içilmesine izin veriyorsan özgürlük alanını başkalarına feda edenlerdensin demektir.

Böylesi bir hayat yaşayan insanın değer duygusuyla ilgili halletmesi gereken sorunları vardır.

Öncelikle "hayır" demeyi öğrenmelisin ki kendinle ilgili değer duygun ve başkalarının seninle ilgili değer duygusu ivme kazansın, çıta yükselsin.

Hayır diyebilmenin de sınırları var elbette...

Dünyanın en çok değer gören insanları emin ol, sınırlarını çok sağlam çizmiş olan insanlardır ve "hayır" demek konusunda birer ustadırlar.

Onları sevmedikleri bir şeye zorlayamazsın, istemedikleri bir şeyi yaptıramazsın. Her şeyi sevdiğin insanları kaybetmemek için yapıyor olabilirsin. Onlara "hayır" dediğinde ilişkinizin yara alabileceğini, aranızdaki güvenin ve yakınlığın sarsılabileceğini düşünüyorsun ama öyle değil...

Onları kaybetme korkusuyla söylediğin her "hayır" karşılıklı kayıplara yol açabilir tabii ki. Ben ezberlenmiş ve zorla söylenen "hayır"lardan, zorla çizilmiş kişisel sınırlardan söz etmiyorum. Zorla yaptığın her şey karşı tarafta direnç ve çekişmeye yol açar. Çekişmeler sonucunda elbette ilişkilerde kayıplar yaşanabilir.

Özgürce çizilmiş kişisel alanlar güçlüdür. Saygı uyandırır. İhlal edilemez olduğu hissini verir karşı tarafa... Dolayısıyla oradaki "Hayır teşekkür ederim" net bir ifadedir, açıktır, çatışmasızdır, alt metninde hiçbir şey yazmıyordur. Sadece "Hayır, teşekkür ederim" demektir o kadar.

Kişisel alanına sahip çıkan insanlar kimseyle çatışmadıkları için ve kimseyi kaybetme korkusu da yaşamadıklarından dolayı öfke değil saygı uyandırırlar.

İnatlaşarak, çatışarak ve kaybetme korkusuyla "Beni zorlama lütfen, gelmek istemiyorum, neden anlayış göstermiyorsun, neden hep bunu yapmak zorunda kalıyorum, bir kere de benim dediğim olsun, ben de saygıyı hak ediyorum!" şeklindeki kalabalık cümlelere vardıysa iş zaten orada öfke ve çatışma başlamıştır. Pişmanlık da vardır orada, kaybetme korkusu da, isyan da... Böylesi bir iletişimden sağlıklı bir "hayır" çıkmayacağı ortadadır.

"Canım ben akşam gelmiyorum, malum hafta sonları evdeyim, teşekkürler, herkese sevgiler."

İşte bu kadar basit...

Kısa, net ve açık... Üstelik cümlenin içindeki "malum" kelimesine dikkat çekerim. Yani bu zaten bilinen ve katiyen taviz gösterilmeyen bir karar. O sınırlar çok önceden çizilmiş ve hep uygulanagelmiş, belli ki hiç değiştirilmeden, taviz gösterilmeden uygulanmış... Sınırları böylesine net ve sağlam birine saygı duyulmaz da ne yapılır?

Wendy Sendromu

Hiç duydun mu "Wendy Sendromu" nedir, ne değildir?

Psikolojide başka bir insana hayatını adayıp, kendini ihmal etme hali...

Yani sadece sen değilsin kendini sevdiklerine adayan, bunun dünyaca ünlü bir sendromu bile var.

Varlık sebebimizi başkalarının varlığına bağlamamız, kendi yok oluş sürecimizi başlatmaktır tabii ki bir yerde. Çünkü kendini başkasıyla tarif eden insan, o başkası olmadığında kendini tarif edemiyorsa zaten yoktur. Orada artık ne özgüvenden söz edebiliriz, ne değer duygusundan, ne kişisel sınırlardan, ne de "hayır" diyebilmekten.

Kendini başkasına tamamen adamış olan kişi artık tamamen o olmuştur ve kendiyle ilgili bir fikri yoktur. Kendiyle ilgili bir fikri olmadığı için karar da alamaz, adım da atamaz. Dolayısıyla ne olur?

Manipülasyona açık yaşar.

O öyle demiş, bu böyle demiş, böyle yaparsan şöyle olur, bunu yapmazsan onu kaybedersin dediğin an dağılır. Dışarıdan gelen ve gelecek olan her şeyden etkilenir. Olağanüstü bir kaybetme korkusuyla yaşar hayatını ki hep kaybetmeye mahkûmdur zaten.

Ne sevdiklerini kaybetmemek için aşırı fedakârlığa kaçacaksın ne de kendin başkalaşmaya razı olacaksın. Yaşam bir dengedir... Uyum sanatıdır. Tıpkı su gibi her sorunun karşısında ılımlı ve akışkan bir çözüm olduğunu bilip yine su gibi kararlı ve kesintisiz yol almaya devam edeceksin.

Kimsenin istediği gibi olamazsın. Ne olursa olsun kendin gibi olmalı, kendin gibi kalmalısın. Kendinden ödün verdikçe değersizleşir, kaybolursun.

Biliyorum, hepimize çocukluğumuzdan beri karşı tarafa yatırım yapmamız gerektiği öğretildi. Sevgiliye, eşe, dosta, kardeşe, arkadaşa, çalıştığın kuruma, sisteme yatırım...

Hiç düşünmeden ne gerekiyorsa hepsi için kendimizi nasıl feda etmemiz gerektiğini öğrendik. Bizden memnun kalınmasını hedef bildik, en yüksek amacımız oldu. Yeter ki bizden razı olsunlar dedik ama kime sıkıca tutunduysak, kendimizi en çok neye adadıysak dallar hep o yerden kırıldı ama... En sevdiklerimiz tarafından terk edildik, en bağlı olduğumuz işlerden kovulduk...

Neden?

Çünkü adandık...

Adanmışlık kendini feda etmek demektir. Yani fedakârlıktır.

Kendini feda edip de karşılığında değer, para, saygı, statü ve yakınlık kazanan gördün mü hiç?

Göremezsin.

Bu yüzden önce sen varsın. Kendine biçtiğin değer var. Ne kadar "hayır" diyebiliyorsan o kadar güç satın alırsın.

"Sürekli seni bambaşka
biri yapmaya çalışan
bir dünyada, kendin
olabilmek en büyük
başarıdır."

– Ralph Waldo Emerson

"Hayır" Demek Neden Zordur?

Hayır demenin bedelleri vardır çünkü... Kişi sınırlarını belirleyerek kendi etrafına herkesin görebileceği şekilde kalın bir şerit çizip "Buradan içeri girmek yok, kabul etmiyorum!" dediğinde kocaman bir benlik alanı koymuş olur ortaya...

Benlik alanı demek, güç alanı demektir. Özgürlük alanı demektir. Sevdiklerinin bu alanda kendilerinin de pay sahibi olduğunu düşünmeleri ve bu alana müdahil olmaya çalışmaları sınırların yeniden hatırlatılmasını gündeme getirebilir.

"Hayır" demeyi zorlaştıran da çoğunlukla yakın çevredir zaten. Çünkü onları kaybetmek önemli bir meseledir.

Kaybetme korkusu "hayır" demeyi zorlaştıran en önemli faktörlerden biri sayılabilir tabii ki. Sonrasında reddedilme korkusu, sevilmeme korkusu, yalnız kalma korkusu gelir.

Temelinde hep bir pişmanlık korkusu yatar ama... "Hayır" dediğinde pişman olma korkusu...

"Hayır" dediğinde karşılığında artık sevilmezse, yalnız kalırsa, reddedilirse, o tek kelime yüzünden yaşayacağı pişmanlık korkusu yüzünden benlik alanının ihlal edilmesine göz yumar çoğu insan...

Ama daha çok sevilmek, kabul edilmek, onaylanmak, zor zamanda ilk aranacak isim olmak, eğlencelerin vazgeçilmez kamberi olmak için sınırlarının ihmal edilmesine izin veren ve istemediği halde çok şeyi pişman olmamak için yapmak zorunda kalanlar hep yalnız kalırlar, terk edilirler ve sonunda mutlaka reddedilirler.

Neden İstemediği Halde "Evet" Demek Zorunda Hisseder İnsan?

- Herkesi mutlu etmek için
- Yalnız kalmamak için
- Aradığında yanında birilerini bulabilmek için (yatırım)
- Arkasından kötü konuşulmaması için
- Kaba, soğuk ve ukala görünmemek için
- Sıcak bir imaj yaratmak için
- Bencillikle ve yüksek egoyla suçlanmamak için
- İnatlaşmamak için
- Sevilmek için
- İlişkilerini sıcak tutmak için

Her Şeye "Evet" Diyenler Mutlu mudurlar?

Hayır...

İyi ama neden?

Çünkü başkalarını mutlu etmek isteyenler "evet" der, kendi mutlu olmak isteyenler "hayır" der.

Oysa başkalarının mutluluğu bile "hayır"ın içindedir.

Nasıl mı?

Öncelikle istemediğin halde bir şeye "evet" demek sahtekârlıktır. Samimiyetsizliktir. Ne olursa olsun dürüstçe söylenmiş bir "hayır" her zaman daha güçlü, daha samimi, daha gerçektir.

Ayrıca "Gelmiyorum..." dediğinde kimseyi küstürmezsin, üzmesin ama "Gelirim..." deyip gelemediğinde, "Yaparım..." deyip yapamadığında, "Ararım..." deyip aramadığında daha çok üzersin. Unutma ki istemeden yaptığın şeyler kimseyi memnun etmez. "Hayır yapamam!" demek "Yapmaya çalışırım..." demekten çok daha iyi... İlkinde açık ve samimisindir. İkincisinde güven vermiyorsundur ve samimiyetini yitirmişsindir.

Burada yapacağın seçim daha çok sevilmek ya da daha az sevilmek değil. Samimi olmak ya da olmamak...

Sen eğer samimi olmamayı seçersen sonrasında neden mutsuz hissettiğini sorgulayamazsın. Kendine karşı bile samimi olamazken, nasıl iyi ve mutlu hissedebilirsin ki?

Bu yüzden neyi yapabileceğinden ve neyi yapamayacağından emin olduktan sonra söz ver, açık ol ve net konuş. "Şunu yaparım ama bunu kesinlikle yapmam..." diyebilmelisin. "Şunu yapmaya söz veririm ama bunu yapmaya katiyen söz vermiyorum..." diyebilmelisin. "Yapmaya çalışırım, oldurmak için çabalarım..." demek tutamayacağın sözler vermek olur ki her zaman altında kalırsın. Çünkü yeterince çalışmamış, yeterince çabalamamış görünürsün karşı tarafın algısında.

Her şeye "evet" diyen insanlar hız tuzağına düşmüş stres ve öfke içindeki insanlardır. Hepsi fazlasıyla mutsuzdur. Fazla hızlıdır. Tempoları yüksektir ve buna rağmen hiçbir şeye yetişememişlerdir. Onca koşturmaya ve onca strese karşılık ellerinde hiçbir şey kalmamıştır. Hiçbir işi halledememişlerdir, hiç kimseyi tam anlamıyla mutlu edememişlerdir. Üstelik çok yorulmuşlardır, çok çabalamışlardır ama günün sonunda yine de başarısız hissediyorlardır. Her şeye "evet" diyen insan dünyanın en yorgun ve en yoğun yaşayan (temposu yüksek) insanıdır. Unutma ki çabuk yorulan, kendini tükenmiş hisseden, günün sonunda elini kaldıracak kadar gücü kalmayan insan, herkes için yorucu ve çekilmezdir. Kimse tükenmiş birinin hayatında uzun süre kalmak istemez.

Birine "hayır" demek istiyorsan tek amacın "hayır" demek olsun, bu kâfi...

Onu ezmeye, bozmaya, burnunu sürtmeye, haddini bildirmeye kalkma. Çünkü ancak bunu yaptığında karşı tarafla çatışmaya girersin. "Hayır sizinle gelmiyorum, eve gideceğim" dediğinde kimse seninle çatışmaz. "Ne yapacağım oraya gelip de, evde olurum daha iyi" dediğinde amacın "hayır" demek değildir zaten, eleştirmektir, küçük görmektir.

"Hayır" derken dürüst olman yeterlidir.

Hayır Diyemediğinde Ne Olur?

Benlik sınırların ihlal edilmiş olur.

Kendine saygını yitirirsin.

İstemediğin şeyleri yapmak zorunda kaldığın için kendine kızarsın.

Seni istemediğin şeyleri yapmak zorunda bıraktıkları için onlara kızarsın, bunun rövanşını almak için içten içe fırsat kollarsın.

Stresli ve kaygılı bir duygu durumu yaşarsın.

Yorgun hissedersin.

Mutsuz hissedersin.

Samimi olmadığın için kendinle ve başkalarıyla iletişiminde irtifa kaybedersin.

Enerjini ve zamanını boş yere harcamış olursun.

Asla "Belki" Deme

"Belki..." ya da "Olabilir..." dediğinde dünyanın en uyumlu insanına dönüşüyorsun gibi gelebilir.

"Ben sigara kullanmıyorum ama olsun siz için, sorun olmaz."

"Kahvemi şekerli getirmişsiniz, sade içiyorum ama olsun uğraşmayın, bu da ziyan olmasın."

"Randevunun iptal edildiğinden haberim yok ama olsun, ertelenen güne gelirim ben yine."

"Salata sevmiyorum ama madem başka bir şey yok, olsun bu defa yerim."

Bir kez bile olsa sınırlarınla ilgili taviz verdiğinde orada artık aradığın saygıyı ve değeri bulamazsın. İtiraz etmeyerek, geri çevirmeyerek ya da tavır göstermeyerek dünyanın en tatlı, en sorunsuz, en uyumlu insanı gibi görünürsün belki ama bu sana hiçbir şey kazandırmadığı gibi, seni suiistimale açık hale getirir. Zamanından da çalınır, enerjinden de çalınır, emeğinden de çalınır. Çünkü sen çok tatlısın ve çok uyumlusun... Senden çalıyor olmanın ne sakıncası olabilir ki? Kendi sınırlarına kendin bile saygı göstermezken, başkalarının neden sağduyulu olmalarını beklersin ki?

Artık şu saatten sonra ne fikirlerinin önemi vardır ne de düşüncelerinin... Kendini kabul ettirmek için canını dişine taksan ne fayda? Ağzınla kuş tutsan ne olur ki? Kimseyi kendine ikna edemezsin. Çünkü senin bir varlık ve benlik alanın yok. Dolayısıyla kimseye güven veremiyorsun ve kimse güven hissedemediği biriyle, o biri ne kadar tatlı ve uyumlu olursa olsun işbirliği kurmaz.

Kim olduğunu belirleyen şey, çizdiğin sınırlardır. Nerede "hayır" diyebildiğine, nerede neden "hayır" diyemediğine bak. Bu sana kim olduğunu ya da kim olmadığını gösterir.

"Şu an kim olduğunuz
hakkında kesin bir fikriniz
varsa, geçmişte kim
olduğunuz önemli değil."

– Paul Auster

-XXVIII-

"Söyleyeceğimiz en önemli şeyi yüksek sesle duyurmayız her zaman."

– Walter Benjamin

Öfkeyle bağırdığında söylemek istediğin hiçbir şey duyulmaz olur. Öfkeyle dinlediğinde birini anlıyor olman imkânsızdır. İletişimde öfke olmaz. Bu çok önemli bir değerdir. Kendini öfkeli, gergin ve stresli hissederken kimseyle görüşme, telefonlarını açma, toplantıya katılma. Bu kendine, işine ve karşı tarafa yapabileceğin en büyük iyilik olur. Görüşmeler ertelenebilir ama örselenen ilişkileri baştan inşa etmek çoğunlukla mümkün olmayabilir. Özellikle iş ve sosyal hayattaki ilişkileri...

Çin tıbbına göre, konuşmak enerjiyi dağıtıyor, sessizlikse zihnin altın değeri...

Sessiz kaldığında, bedeninde yüksek enerji tasarrufu sağlıyor insan. Dolayısıyla gün içinde küçük sessizlik molaları almak çok önemli...

"Yavaşlıkta hatırlama
Hızda unutma
vardır."

"Şimdiye değin senden
zorla alınan ya da
çalınan, boşa akıp giden
zamanına sarıl."

– Seneca

Hızlı insan incitir. Kolay yaralar hatta yaraladığının farkında bile olmaz. Etrafı kırık kalplerle doludur ama belki farkında dahi değildir. Hızlı insanın giderek yalnızlaşmasının bir sebebi de istemsizce kırıp döktüğü insanlardır. Sözde açıksözlülükle, dürüstlükle ve iyi niyetle yapıyordur bunları ama nedense ortalık iletişim enkazlarından geçilmiyordur.

Yavaşlamadığı sürece nasıl bir tahribata yol açtığını hiçbir zaman bilemeyecektir. Daha hızlı, daha hırslı ve daha yıkıcı olmaya devam ettiği sürece yalnızlaşacak, yorulacak, tükenecek, küsecek, başarısız hissedecektir. Kaybettiği tek şey yoldan hızla geçerken devirip yıktıkları olmayacaktır sadece, geri döndürülemez kocaman bir zamanı da yitirmiş olacaktır.

Zaman kaybetmemek için yavaşlamak gerektiğini bir kez daha hatırlatmanın hiç sakıncası yok bence...

Boşa geçen bir zaman istemiyorsan, yavaşla ve sakinleş...

"Ağır ağır yanan bir ateş,
alev alev bir yangından
daha iyidir."

– Gonçarov

"Yaraların
önemlidir,
çünkü onlar
belirleyecektir
kaderini de,
karakterini de."

"Nihayetinde güneşli havalardaki yürüyüşün değil; rüzgârla ettiğin mücadeledir başarını belirleyecek olan. Işığın altındaki parıldaman değil; içindeki ve dışındaki karanlığı idare edişindir. Nasıl koştuğun değil; defalarca düştükten sonra ayağa kalkma şeklindir başarını belirleyecek olan. Zaferlerin değil; mağlubiyetlerinin karşısındaki tavrındır.

Güçlü hissettiğinde yaptıkların değil; kırgın ve düşkün olduğun zamanlarda yaptıklarındır. Yürüme kabiliyetin değil; umutsuz ve ayağa kalkamaz haldeyken bile içinde bulduğun emekleme isteğidir. Kazandığın zamanki tavrın değildir başarını belirleyecek olan... Kaybolmuş ve kaybetmiş hissettiğin zamanlardaki kimliğindir.

Çünkü karakter kıyıların mamulü değildir. Karakter, dalgaların arasında doğar. Hani şu yıkıp geçen dalgaların. 'Bir daha düşmek için bir daha ayağa kalkmanın ne anlamı var?' diyen dalgaların. 'Okyanusları geçmek senin için çok iddialı. Hiç şansın yok...' diyen dalgaların. Ama gördüğün gibi... Kahramanlar ödülleriyle değil yaralarıyla anılıyor."

– Yasmin Mogahed, Africa, 2015

"Hayatın küçük bir parçasına bakıp tamamı hakkında karar verme."

– Lao Tzu

-XXIX-

Acele işe şeytan karışır

Eskiler ne güzel söylemişler ama...

"Acele işe şeytan karışır!"

Neden?

Çünkü acele işin içinde akıl yoktur, sağduyu yoktur, ilham yoktur, fikir, zekâ, ince düşünce ve dikkat yoktur.

Böyle bir işe şeytan karışmasın da kim karışsın zaten ama değil mi?

Eskiler acele işin uğursuzluğu zorlamak olduğunu bilmişler, deneyimlemişler ve öğretip gelecek nesillere de aktarmak istemişler.

Bilginin günümüzdeki akış hızına bakalım lütfen...

Saniyede milyonlarca yeni veri akıyor dijital dünyada... Milyonlarca bilgi... Artık her konuda her seviyeden bilgiye ulaşmamız mümkün. Hem de birkaç dakika içinde, bir iki tuşla, bir iki hızlı aramayla...

Her şey hakkında bilgimiz var. Fizikten de anlıyoruz, tarihten de, psikoloji de biliyoruz, Çin tıbbını da, yogadan da haberimiz ve nörolojiden de, din bilimi de bizde, dilbilim de, siyaseti biliyoruz, sosyolojiyi de... Felsefe mi? İşte o yeni hobimiz... Bütün filozoflar yakın dostumuz, hepsinin hayatlarını da biliyoruz, aforizmalarını da, tabii ki magazinlerini de...

Her şey hakkında hızlıca bilgi sahibi olabiliyoruz belki ama bilgilerin sağlığı, geçerliliği, doğruluğu hakkında emin değiliz. Herkesin bilip paylaştığı doğrudur diye kabul ediyoruz. Milyonlarca bilgi ışık hızıyla akıp geçerken her birinin doğruluğu üzerinde mesai harcamaya vaktimiz yok.

Ucundan azıcık sahip olduğumuz, üstelik doğruluğundan çok zaman emin olamadığımız bilgileri öğrenmiş sayılır mıyız?

Üzülerek söylüyorum ki hayır...

Öğrenmek de yavaşlamak ve sakinlik ister çünkü...

Duymuş olmak başka şey, bilmek başka...

Ucundan da olsa fikir sahibi olmak başka şey, öğrenmiş olmak başka...

Üzerinde iyi kötü bilgi edinmiş olmak başka şey, bilgiyi kullanabiliyor olmak bambaşka bir şey...

Bilen olmak için adanmışlık gerekir çünkü... Ve adanmışlık da sadece sükûnetin içinde gerçekleşebilen bir deneyim.

Hızlı insan adanamaz...

Hızlı insan bilmek için demlenemez.

Hızlı insan bilemez... O sadece duyar, fikir sahibi olur, iyi kötü ne olduğunu anlar ama bütün bunları hayatının hiçbir alanında kullanamaz. Çünkü hakkında fikir sahibi olduğu şeylerin tam olarak ne olduğunu bilmediği için neyi nasıl kullanacağını da bilemez.

Öğrendiğin bilgiyi hayatında kullanabilmek için yavaşlamalısındır, demlenmelisindir.

Bu böyle bir yolculuk işte...

Ünlü kemancı Fritz Kreisler'e bir konser çıkışında dinleyicisi "Sizin kadar güzel keman çalabilmek için ömrümü bile verirdim" demiş.

Kreisler, dönüp cevap vermiş dinleyicisine:

"Ben verdim!"

İşte bu bilmektir, öğrenmektir... Sabır ve sükûnet içinde yüksek bir gayeye adanmaktır. Bunun için de yavaşlık, sakinlik ve sabır gereklidir elbette...

Herkesin yüksek gayesi farklıdır muhakkak.

Fritz Kreisler için kemandır yüksek gaye... Senin için şarkı söylemektir belki... Bina dikmektir, çocuk büyütmektir, harf öğretmektir, yazmaktır, resim çizmektir, dünyanın en güzel reçellerini yapmaktır, yardım etmektir...

Bilemem...

Ama herkesin yüksek bir amacı olmalı şu hayatta. Amaçlardan amaç beğenemediğimiz için hepsinin peşinden gitmeye çalışıyoruz ve her şeyden yarım yarım, bir tam edemeyen işler çıkarıyoruz ortaya... En azından belki bir tanesinden tam sonuç çıkarabiliriz diye daha hızlı, daha stresli, daha yoğun koşturup yazışıyoruz. Hangisinin yüksek amacımız olduğundan emin olamadığımız için hiçbirinin ucunu bırakmıyoruz.

Oysa her şeyi bilen, hiçbir şey bilmez...

Öğrenmek ve bilmek adanmışlık ister, bunun için sakinlik gerekir, yavaşlık gerekir.

Eylemlerinde ve düşüncelerinde sabırsızlık gösterenlere dikkat et. Kimler mi onlar?

Toplantılarda en çok konuşanlar.

Her konu hakkında bilgi sahibi olduğunu göstermek isteyenler.

Her soruya ille bir cevabı olanlar...

Çok hızlıdırlar. İş bitirici görünürler. Ama gel gör ki kriz anında afallarlar. Çünkü hiçbir şeye tam olarak hâkim değillerdir, bildiklerini nerede nasıl kullanmaları gerektiğinden emin olamazlar. Elinde tuttuğu onca parça pürçük bilgi, tiftikten bir yumağa dönüşür, hiçbir işe yaramaz.

Çünkü her şeyi biliyor gibi görünen, hiçbir şey bilmiyordur.

Ayrıca aceleci insan, hızlı insan aynı işi defalarca tekrarlamak zorunda kalarak da çok zaman ve enerji kaybeder. Kanatları gelişmeden uçmaya çalışan kuşlar gibi büyük yırtıcılara yem olurlar.

Bilgi zaman kazandırır.

Bilgiye ve bilginin nasıl kullanıldığına önem ver. Bunun için internette hızlı taramalar yapmak, bir iki kitap okuyup Youtube videosu izlemek takdir edersin ki yeterli olmayacaktır. Bilginle zaman kazanmak için, öğrenmeye zaman vermek zorundasın. Bunun için yavaşlamalı ve sakince ilerlemeyi tercih etmelisin.

Youtube videoları ve internet okumaları sana sadece fikir verir. Üstelik edindiğin fikrin doğruluğu da her zaman şaibelidir. Dijital mecra kirli bilgilerle dolu...

Aceleci insan zamandan ve mekândan kaçan kişidir. Oysa zaman ve mekân ilişkisi kıymetlidir. Zihnin dikkat kesildiği, odaklandığı, yavaşladığı ve sakinlik sürecini başlattığı yerdir.

Sabırsızlık gösteren insanlar hiçbir şeye odaklanmazlar. Zaman ve mekân ilişkisini yitirmişlerdir. Nerede bulunduklarının bile farkında değillerdir. Az önce çıktığı mekânı tarif etmesini iste, başaramaz.

-XXX-

Olumlu ısrar

Çin bambu ağacının hikâyesi

Çin bambu ağacının yetişmesi, olumlu ısrara verilebilecek en güzel örneklerdendir. Çinliler bu ağacı nasıl yetiştiriyor biliyor musun?

Önce ağacın tohumu ekilir, sulanır ve gübrelenir.

Birinci yıl tohumda herhangi bir değişiklik olmaz. Bunun üzerine tohum yeniden sulanıp gübrelenir. Bambu ağacı ikinci yıl da filiz vermez. Üçüncü ve dördüncü yıllarda da aynı sulama ve gübreleme işlemi tekrarlanır. Fakat inatçı yine filiz vermez. Büyük bir sabırla beşinci yıl beklenir.

Nihayet beşinci yılın sonlarında bambu yeşermeye başlar ve altı haftada yaklaşık 27 metre uzar.

Peki bu bambu ağacı altı haftada mı 27 metre uzamıştır beş yılda mı?

Elbette beş yılda.

Büyük bir sabırla ve ısrarla beş yıl sulanıp gübrelenmiştir tohumu...

Olmuyorsa ısrar etmenin anlamı yoktur elbette. Bazen doğru zamanda vazgeçmek büyük enerji ve zaman tasarrufu kazandırır insana. Ama toprağa ne ektiğinden eminsen, vazgeçmezsin. Israr edersin ve sonuna kadar hiç yorulmadan devam edersin. İşte bunun adı olumlu ısrardır.

Fakat olumlu ısrarla şuuruz ısrar arasındaki farkı iyi anlamak lazımdır. Ektiğin tohumun kalitesinden eminsen ve sana ne vereceğini biliyorsan göstereceğin ısrar olumludur elbette. Ancak ne için mücadele ettiğinin farkında değilsen, elinde ne olduğundan ve ortaya ne çıkacağından emin değilsen, işte bu şuursuz bir ısrardır ki zaman ve enerji kaybından başka bir şey değildir.

Olumlu bir ısrarcı olmalısın elbette, şuursuz bir ısrarcı değil...

"Sessizce oturmak,
önünüzden geçen
düşüncelere tanık olmak.
Müdahale etmemek,
yargılamamak bile,
sadece tanık olmak; çünkü
yargıladığınız anda o saf
tanıklığı kaybedersiniz.
'Bu iyi, bu kötü' dediğiniz
anda, çoktan düşünce
sürecine girmişsinizdir."

– Osho

-XXXI-

Hayatın anlamı

Hayatın anlamını gizemlerin içinde, şifrelerde, özel yeteneklerde, dehada, mucizede, ulaşılması güç yerlerde aramayı öğretti bize meşhur Amerikan filmleri ve kurgu harikası kitapları...

Hayatın anlamı nerede?

Kutsal kâsede mi?

Tibet'te mi?

Kalbimizde mi?

Uzayda mı?

Bir ağacın kovuğunda mı?

Bir kelebeğin kanadında mı?

Bir çocuğun tebessümünde mi?

Bir aşka adanmakta mı?

Her yerde ama her yerde hayatın anlamını arayıp durduk...

Karar verdik mi peki sonunda nerede olduğuna?

Veremedik...

Neden?

Çünkü hayatın anlamı hem her yerde hem de hiçbir yerde... Bu tamamen senin verdiğin bir kararla ilgili... Ya da yaptığın bir seçimle...

Sisifos'u bilirsin.

Kocaman bir kaya parçasını dağın zirvesine çıkarmakla cezalı bir kraldır mitolojide... Zirveye ulaştıktan sonra kaya parçası yine aşağı yuvarlanıyor ve Sisifos her şeye baştan başlıyor. Kayayı bir kez daha taşıyor zirveye... Derken kaya tekrar aşağıda... Bu döngü hayat boyu kendini tekrarlayıp durur.

Dünyanın en mutsuzu sanırsın Sisifos'u... Kayayı dağın tepesine taşı, sonra o yine aşağı yuvarlansın ve sen yine anlamsızca aynı kayayı tekrar zirveye çıkarmak için canhıraş mücadele et... Gerçekten de büyük ceza gibi görünüyor değil mi?

Oysa kimse bilmiyor ki Sisifos yaşadığı hayattan memnun... Çünkü onun bir yaşam gayesi var. Bütün zamanını ve enerjisini adadığı bir gaye... Sakince ve hiç yılmadan gerçekleştiriyor bunu...

Sisifos'un hayat amacıdır her defasında aşağı yuvarlanan o kayayı dağın tepesine çıkarmak...

Bu hayatın anlamıdır Sisifos için.

Kendini adadığın şeydir anlam...

Her sabah bir taş fırında taze ekmekler pişirmektir mesela hayatın anlamı... Bu kadar. Şifre bu. Sır bu... Kutsal kâsenin içinde değil hayatın sırrı. Tam olarak burada işte...

Kendini adadığın şeyin içinde.

Sen kendini adayacak bir şey bulamadığında başlıyor zaten sorunlar... Anlamı bulamadığın yerde depresyon var çünkü, kaygı var, belirsizlik var, korku var...

Kendine borçlu olduğun tek şey, içinde anlam bulabileceğin bir adanmışlığa karar vermek...

Azra Erhat gibi tüm hayatını mitolojiye ve Yunan diline adamaktır belki de hayatın anlamı...

Kendini İspanyolcaya adamaktır belki de...

Felsefeye, tarihe adamaktır.

Bir kemana bir ömür vermektir belki de hayatın anlamı...

Herkesin hikâyesi farklı... Herkesin başka bir yüksek gayesi var... Bir tanesini en iyi şekilde yapmak, seni ustalaştıracaktır emin ol... Ama hepsini aynı anda yapmaya kalktığında hayatı boyunca her şeye el atmış, hepsini öğrenmek için zaman harcamış, fakat hiçbirini becerememiş, başarısız olmuş biri olacaksındır. Bu seni hiç mutlu etmeyecektir. Sevmediği şeyleri gerçekleştirmek için onca zaman ve enerji harcadığın halde istediğin gibi bir tatmin yakalayamamış olacaksındır. Onca koşturma neye yaramıştır o halde? Onca yorgunluk, onca çaba, onca stres, onca hastalıklar, onca acı...

"Hayatın anlamı
yaşamaktır ve yaşamak,
farkında olmak demektir,
neşeyle, sarhoşlukla,
sakinlikle, yücelikle
farkında olmak."

– Henry Miller

Friedrich Nietzsche insanın hayattaki amacını bulabilmesi için her şeyi sakince görebiliyor, düşünebiliyor ve konuşabiliyor olması gerektiği üzerinde duruyor *Putların Alacakaranlığı* adlı kitabında.

Etrafta olup bitene zinde bir zihinle dikkat kesilmek, acele etmeden, etraftaki her şeyi görüp yorumlayabilmek ancak etrafın çekimine kapılıp kaybolmamak, yine hep berrak ve sakin bir zihinle orada durabilmek çok önemli...

Sadece içgüdülerimizle hareket eden canlılar olarak sürdüremeyiz bu hayatı. Gerçekçi bir düşünce seviyesine de çıkabiliyor olmamız lazım ki orada bilgiye, anlama ve huzura da ulaşabilelim.

Nietzsche'ye göre sakinlik; huzuru ve bilgiyi aramaya başlamanın ilk noktasıdır.

"Siz baştan savdığınızda,
her şey olacağına varır.
Dünyayı salıvermeyi
bilenler kazanır.
Sürekli denerseniz,
dünyayı yenemezsiniz."

– Lao Tzu

-XXXII-

Sana değer katmayan şeyleri hayatından çıkar

Mahabharata'yı duydun mu hiç?

Anlam ayrımı demek...

Hindistan'da Sanskritçe yazılmış iki büyük destandan biri... Diğeri Ramayana...

Mahabharata Destanı'nda şöyle bir pasaj vardır:

"Yüzen iki ağaç parçası okyanusta karşılaşırlar ve bir süre sonra ayrılırlar, annenle sen, kardeşinle sen, karınla sen, oğlunla sen aynı durumdasınız. Karını, babanı, dostunu çağırıyorsun, ama yalnızca yolda bir karşılaşma bu. Hiçbir şey sürekli değil, senin bedenin bile. Hiçbir bağ zamana dayanmıyor."

Okurken bile zorlanıyor insan bu acı gerçek karşısında değil mi?

Haklısın...

Çok zor ama hakikat bu...

Çünkü yeryüzünde zamana dayanabilen hiçbir bağ yok... Her şey geliyor ve geçiyor. Hiçbir şey ilk günkü gibi kalmıyor. Acı da mutluluk da... Sevdiklerimiz de sevmediklerimiz de...

Her şeyin gelip geçici olduğunu bildiğimiz halde, yine de bir şeylere ve birilerine şuursuzca tutunup ısrar ederiz. Hem onu hem kendimizi öldürürcesine yapışırız yakasına. Gitmesine izin vermeyiz. Oysa biliriz ki hiçbir şey eskisi gibi değildir artık. Değişmiştir, başkalaşmıştır. Çünkü her şey değişir, hiçbir şey aynı kalmaz... Belki o ısrarla tutunduğumuz şeyin de hayatımızdaki görevi ve hizmeti bitmiştir, bizim de onun hayatındaki hizmetimiz, faydamız, değerimiz sonlanmıştır ve artık ayrılık vakti gelmiştir. Ancak insanoğlu hep o ilk günkü büyük mutluluğu, heyecanı, coşkuyu geri istiyor. O eşsiz ilk heyecanı, mutlu günleri, ayaklarının yerden kesildiği tarifsiz anları geri versin, hatta bir daha yaşatsın, alıp götürmesin istiyor ama o mutlu anlar hep mutlu kalmamıştır ki. Değişmiştir. Hayat böyledir çünkü... Her şey gelir ve geçer... Kalıcı olan hiçbir şey yoktur... Belki gök kubbede hoş bir seda kalır kâinatta... Gerisi değişir, akar ve sonunda yok olur.

Burada hırsa, inada ve hayal kırıklığına kapılıyor işte insan... Bütün güzellikleri geri istiyor. Değişmemiş olsun istiyor ama öyle değil işte...

Israrla tutunduğu ve kaybetmemek için hırsla ve duyguyla sarıldığı her şey canını daha çok acıtıyor. Yalnız kalma korkusu, kaybetme korkusu dayanılmaz bir hal alıyor.

Her şeyin geçici olduğu bir dünya düzeninde kaybetmekten korkmak ne büyük ıstırap ama değil mi?

Hem biliyorsun hiçbir şeyin kalmayacağını hem de bildiğin şeyden korkuyorsun...

Ancak şunu unutma ki geçici olan sadece mutluluk ve iyilik hali değil, acı ve ıstırap da geçici... Sana değer katan insanlara emek harcıyor olman elbette çok kıymetli ama yalnız kalmak korkusuyla ya da "Belki bir gün işime yarar" düşüncesiyle hayatında biriktirdiğin, gitmesine izin vermediğin, zorla tutunduğun her şey ve herkes safradır.

Sana değer katmayan şeylerin de geçici olduğunu hatırla ve zaten bitecek olanı zorla hayatında tutmaya çalışma.

Sana değer katmayan insanlardan, alışkanlıklardan, düşüncelerden, eylemlerden, davranışlardan kurtul...

Sana değer katmayan kitapları, dizileri, filmleri, içerikleri bile çıkar hayatından. Seçici ve duyarlı ol. Zihnin de, bedenin de, hayatın da çöplük değil... Enerjinin ve zamanının çoğunu sana değer katmayan şeylerin peşinde harcadığını göreceksin. Bunlardan kurtulduğunda yavaşlaman ve sakinleşmen daha kolay, daha rahat olacak.

“Artık olanı kabullendim
Olmuş olandan elimi
ayağımı çektim
Olacaklara inandım.”

-XXXIII-

"Siz en çok zaman geçirdiğiniz beş kişinin ortalamasısınız."

– Jim Rohn

Kimlerden uzak durman gerektiğini bilirsen, geriye yakın durabileceğin insanlar kalır tabii... Neyse ki onların da sayıları az değil...

Sakinlik felsefesinin en önemli konularından biri de etrafımızdaki insanlar... Kimi daha da hızlanmamıza, stresle ve kaygıyla dolmamıza neden olur, kimi besler, yavaşlatır, destekler, ilham verir, rehber olur.

Dinlediğin müzikte, okuduğun kitapta, izlediğin filmde bile hız tuzağına düşmemek, zaman ve enerji kaybetmemek için seçici ve sağduyulu olman gerekirken hayatına uzun ya da kısa vadeli ilişkiler kurmak üzere girip çıkanlar konusunda elbette dikkatsiz ve özensiz davranamazsın.

Seni yoran, enerjinden çalan, sürekli çaba göstermek zorunda olduğun, seni fedakârlığa zorlayan, sinirini bozan, canını sıkan, güvenini sarsan, emin olamadığın, huzursuz hissettiğin, içinin rahat olmadığı insanları hayatında tutmanın hiçbir anlamı yok.

Korkma, yalnız kalmazsın. Ayrıca bu tip insanlarla yaşayacağın kalabalık bir hayat yerine bir iki değerli insanla sakin, yavaş ama verimli ve ilham dolu bir yaşam sürebilirsin.

Sakin ve sağlıklı bir hayat istiyorsan etrafındaki insanları da arzuladığın bu hayata göre konumlandırmalısın. Herkesin bir yeri ve sınırı olmalı elbette... Yaşamının kimler tarafından ne şekilde istila edildiğine dikkat et. Aldığın kararlarda, attığın adımlarda kimlerin ne kadar etkisi var üzerinde?

Unutma ki önemsiz karar yoktur. Akşam yemeğinde ne yiyeceğine karar vermekle, hangi şirkette iş hayatına devam etmek istediğine karar vermek arasında çok fark yok... Biri diğerinden daha az önemli bir karar değil... Bir tanesinde bile maniple ediliyorsan, hayatındaki insanların sınırlarını ve yerlerini yeniden belirlemen gerekiyordur.

Seni istemediğin şeylere zorlayanların listesini hemen yapmalısın. Kırmamak için özellikle emek harcadıkların, fedakârlık ettiklerin, sana saygı duymayanlar, sınırlarını ihlal etmekte beis göremeyenlerdir. Ne kadar tatlı, iyi niyetli ve sevimli olduklarının bir önemi yok... Ne kadar gerçek olduklarının bir önemi var. Hem sahiden de çok tatlı ve iyi niyetlilerse, sınırlarına saygı göstermeyi tercih edeceklerdir elbette.

Uzak Durulması Gereken Beş İnsan Tipi:

- Ruh hali değişkeni duygudan duyguya geçen ve çoğunlukla negatif olanlar
- Kendi çıkarı ve mutluluğu dışında kimsenin derdiyle ve sevinciyle ilgilenmeyenler
- İletişimde saldırganca bir yol izleyenler
- Cahiller, çokbilmişler, çok ve boş konuşanlar
- Hayalleri olmayanlar ve hayali olana saygı göstermeyenler

"Sana güç katan
ilişkileri ve
insanları seç."

En Keyifli Sakinleştiriciler:

Sana ilham versin diye benim en keyifli sakinleştiricilerimi bırakıyorum buraya. Sen de kendininkileri seç ya da listeye yenilerini ekle ve hayatına dahil et...

- Altını önceden çizdiğim eski kitaplarımı yeniden okumak
- Memleketimin şehirlerine seyahat etmek ve tarihi araştırıp gezmek
- Sahaflarda zaman geçirmek
- Sahilde yürümek
- Dünya görüşümü ve benliğimi rahatça anlatabildiğim insanlarla sohbet etmek
- Gün içinde sessizliğe zaman ayırmak
- Klasik müzik dinlemek
- Her gün niyetimi bilmek
- Kedilerle ve köpeklerle zaman geçirmek
- Çiçek türlerini öğrenmek ve bazılarını balkonda yetiştirmeye çalışmak
- Yaşadığım şehirde kaybolmak, bilmediğim sokakları ve dükkânları keşfetmek

Sükûnet Düşmanları:

Sükûnet düşmanlarının tuzağına düşmemek önemli tabii... Ne olduklarını hatırlarsak, engellemek de mümkün olur diye yazıyorum.

- Olumsuz insanlar
- Trafik
- Negatif sohbetler
- Gereksiz tartışmalar
- Kalabalık ve gürültü
- Tekdüze işler, olaylar ve insanlar
- Olumsuz haberler, linç paylaşımları
- İdeolojik kavgalar, çatışmalar
- Israrcılar, kaprisliler, nazlılar
- İkide bir küsenler
- Hırsından önünü görmeyenler
- Ne yaptığını bilmeyenler
- Boş içerikli diziler, filmler, kitaplar

-XXXIV-

Ellerini kalbinin üzerine koy
Ve kendin olmaya karar ver

Sadeleştikçe sessizleşecek, sessizleştikçe sakinleşeceksin. Elini kalbine koyup, hayatında eksik olan ne, anlamaya çalış. Neyi ısrarla tamamlamak istediğini anla, buna gerek olup olmadığını düşün.

Hayatında eksik olanlara yer aç, hayatında fazlalık olanlara yol ver.

Değişime direnme... Akışta ol. Su gibi ol... Kalbine güven. Ruhuna fırsat ver... Kendin gibi ol. Sadeleş... Sakinleş...

Derin bir nefes al, boşlukta bir çembere dönüş ve alabildiğine genişle. Nefesini hisset, ellerin kalbinde dursun hâlâ...

İçindeki ustaya sor:

Sende neye inanmak istiyor?

Sende neyi değiştirmek istiyor?

Bir eylem planı hazırla sadeleşmek için...

Fazla olanı çıkar hayatından. Ne yediğinden ne okuduğuna kadar seçici ol. Fedakârlığa son ver. "Hayır" demeyi öğren. Hayatının insanlarını seç ve doğru konumlandır. Yavaşla... Acele etme... Nefesin gücüne inan. Nefes çalışmaları yap. Yürüyüşlerin desteğine inan. Bağımlılıklarından kurtul. Alışkanlıklarını değiştir. Rutinlerini kır. Ezberleri boz... "An"a dikkat kesil. Acılarını sev. Ağlamanın gücüne inan. Acının da tıpkı mutluluk gibi geçici olduğunu hatırla. Hiçbir şeyi hayatında tutmak için zorlama, çekiştirme. Hayatının yüksek amacını bul ve ona adan... Doğaya zaman ayır. Ellerini kalbinde tut, her zaman kim olduğunu ve ne yaptığını bil.

Hayatında 3S'yi önemse:

- Sadelik
- Sakinlik
- Sessizlik

Bu 3S'yi hayatında sağlamak için neler yapman gerektiğini biliyorsun artık. Erteleme... Unutma ki dünya bir gündür, o da bugündür.

-XXXV-

Tek başına kalmayı seçmek, yalnızlık değildir

Tek başına olmak bir seçimdir. Yalnızlıksa belki kader.

Birinde nehre kendin girmek isterken, diğerinde nehre düşersin.

Birinde emek vardır, diğerinde çaresizlik.

Birinde hazırlıklısındır, diğerinde hazırlıksız.

Biri senin kontrolündedir, diğeri başkalarının...

Dolayısıyla tek başına kalmakla, yalnız kalmayı birbirine karıştırma...

Yalnızlıkta duygusal bir eksiklik, özlem, sevgi arayışı, kaybedilen şeyin yoksunluğu söz konusudur ve sen bütün bunları değiştirmek istersin. Tek başına kalmak senin seçimindir, planlıdır, gönüllüdür, hazırlıklıdır.

Yalnızlık seçim değildir. İçine itilirsin. Senin dışında gelişmiştir koşullar ya da sen de dahilsindir ama kontrol edememişsindir sonucu... Tek başınalığın süresi tamamen sana bağlıdır. Dilediğinde başlar dilediğinde biter. Oysa yalnızlığın önü açıktır. Ne zamana kadar ne şekilde süreceğini bilemezsin.

Dolayısıyla verimli olan, yaratıcı olan ve ilhamla dolu olan bilinçli seçtiğin tek başınalıklarındır. Fildişi bir saraydır bu tek başınalıklar. Olağanüstü, yaratıcı bir sürece dönüşmesi an meselesidir. Kendinle baş başa kalmanın, sessizliğe çekilmenin en güçlü, en etkili halidir.

Yalnızlığın içindeki melankoli yorucudur. Yalnızlık çok gürültülüdür ayrıca... Çünkü kafanın içindeki kavgalar hiç bitmez. Hep bir hesaplaşma ve yüzleşme sürüp gider yalnızlıkların içinde. Eski defterler kapanmaz, eski hesaplar bir türlü görülemez, söylenmemiş sözler yalnızlıkların içinde bağırılır çoğunlukla... Dolayısıyla kalabalıktır, çokseslidir yalnızlıklar. Duygusal açıdan yorucudur.

Elbette yalnızlığında yeterince vakit geçirmiş, hesaplarını kapatmış biri bunu bilinçli bir seçime dönüştürmeyi başarabilir pekâlâ... Yalnızlığından eşsiz bir inziva inşa edebilir. Yıkıcı bir süreci yapıcı bir sürece evirebilir.

Bu noktalarda hep ve daima kişinin kendi kararları, doğru eylemleri ve uygulamaları vardır.

Demem o ki yalnızsan da korkma... Evet yorucudur, duygusaldır, melankoliktir ama vereceğin bir kararla değişiverir işler. O melankolik yalnızlık ilham dolu bir inziva olur senin için.

Nerede sıkışırsan, yol bitti gibi gelirse, çözümü olmadığını düşünmeye başlarsan suyu hatırla... Suyun dinginliğini, sürekliliğini, akışkanlığını ve kendi yolunda nasıl da her şeye rağmen ilerlemeye devam ettiğini. Suyun olağanüstü uyumunu düşün ve suyun içinde ilham ara...

Çünkü unutma ki her şey gibi yalnızlık da geçici, kalabalıklar da... Mühim olan senin bilinçli seçimin. Bilinçli sakinliğin... Seçilmiş yavaşlığın... Sükûnetin...

-XXXVI-

İyi hissetmek, şükretmektir

Şükran, mutluluğu ve memnuniyeti kutsamaktır. Onaylamaktır. Mutluğu kabul etmektir. Hayatında ona yer açmaktır.

Şükran, samimi bir teşekkürdür. Büyüktür. İçtendir. Şükran kalptendir, dudaktan dökülen değildir. Bu yüzden sessizdir, dingindir, sakindir.

Şükretmek için kendine zaman ayırıp nelere şükretmen gerektiğiyle ilgili uzun uzadıya listeler hazırlamana gerek yok. Mutlu hissettiğin, sakin ve huzurlu hissettiğin her an şükürdesindir zaten.

Sahip olduklarını sıralaman gerekmez.

Sağlığım için şükrederim.

Sevdiklerim hayatımda olduğu için şükrederim.

Yediğim yemekler için şükrederim.

Hayatımın aşkı için şükrederim.

Sevdiğim işi yaptığım için şükrederim.

Sevildiğim için şükrederim.

Bunların hepsi çabadır. Mücadeledir. Yorucudur. Hızlı ve stresli insanın kendini mutlu hissetmek için denediği bir tekniktir. Samimiyetsizdir. Çünkü zorlamadır. Listeyi yeterince uzatmak için uğraşırsın. Uzamadığında gerilirsin. Ayrıca düşünerek de çok zaman ve enerji kaybedersin. Sonra bunun adı hayata şükretmek mi olur sence?

Hayır...

Şükran, az önce de dediğim gibi sessiz ve çabasız olandır. Şükran, sakindir.

Kendini iyi hissettiğin her an olan her şeye binlerce kez şükrediyorsundur zaten. Mutfak alışverişi listesi çıkarır gibi oturup çalışmana gerek yoktur.

"An"da duran, "an"a dikkatini veren, kendini iyi hisseden, dingin, sakin, mutlu insan ona bunu kazandıran her şeye, hatırladığı ya da hatırlamadığı şeylere bile tepeden tırnağa şükran içindedir.

Teşekkür listesine yazmayı unuttuklarını hatırlamak için de çabalaman gerekir. Bunların hepsi hız ve stres demektir.

Kendini iyi hisset...

Sakin olduğun her an, tüm hücrelerinle şükrandasındır.

Mutluluk Sakinleştirir

Tolstoy'a "Nasıl mutlu oluyorsunuz?" diye sormuşlar o da şu cevabı vermiş:

"Sahip olduğum şeylere sevinerek, sahip olmadıklarımı hiç düşünmeyerek."

Neye sahip olduğunu hatırlamak için liste yapmak zorunda hissediyorsan, yolun kenarındaki ağaçları fark edemeyecek kadar hızlı seyrediyordur hayatın.

Üzgünüm...

Yavaşlamalısın.

Neye sahip olduğunu bile hatırlamıyorsun. Bunun için kâğıda kaleme ihtiyaç duyuyorsun.

"Mutluluktan
söz ediyorsak,
mutsuzluktan da söz
ediyoruz demektir."

– Sokrates

Mutluluk hayatın yüksek amacı, büyük finali değildir. Yol boyunca topladığımız, edindiğimiz, kazandığımız, öğrendiğimiz, kaybettiğimiz, yaralandığımız, yıkıldığımız, üzüldüğümüz, sevindiğimiz her şeydir mutluluk... Hem kazandıklarımızdır hem de kaybettiklerimiz.

Mutluluk elde edilen, kazanılan, başkasına aktarılan bir şey değildir. Fark edilen bir şeydir. Keşfedilen bir deneyimdir. Keşfettiklerinle birlikte verdiği his, yaşattığı deneyim sürekli değişir. Fark etmen için kendini tanıman gerekir önce... Kendini tanıyan insan, hem kendinin mutluluğunda hem başkalarının mutluluğunda payı olduğunu görür. Keza başkalarının da eylemleri ve deneyimleri diğerlerini etkilemeye devam eder. Yani mutluluk kendi başına bir şey değildir. Tıpkı Afrika'da kanat çırpan bir kelebeğin okyanusta kasırga yarattığı inanışında olduğu gibi...

Fazlasını istemek her zaman acı verir. Mutluğu fark edemiyor olmanın en önemli nedenlerinden biri de budur muhakkak...

Tatminsizlik ve doyumsuzluk, tüketmeye odaklı hız çağı insanın içine düştüğü tuzaklardan biridir ne yazık ki... Sahip olduklarımızın farkına varamadığımız için sahip olamadıklarımızın peşine düşeriz. Bu yüzden şükran duymak için mesai harcamamız gerekir zaten. Neye sahip olduğumuzu hatırlamamız kolay olmaz. Oturup yazmaya çalışırız şükredebilmek için...

Sistem hep daha fazla tüketmeye zorluyor insanı... Çünkü artık sadece ihtiyacın olan ürünleri satmıyor sana, ihtiyacın olan hisleri de satıyor. Aradığın hisler için daha fazla tüketmeye devam ediyorsun ve hep daha fazlasını istiyorsun. Oysa satın aldığın an sona eriyor ücretini ödediğin üstünlük ve iyilik hissi... Daha iyi hissetmek için daha çok tüketmen gerek ve daha çok tüketmen için daha çok çalışmalısın. Daha çok çalışmak için daha çok rakibi yok etmelisin ve bunları yaparken elbette kendinle baş başa kalabilecek beş dakikalık bir sessizlik molasına bile vaktin yoktur.

Kitap boyunca da hep dediğim gibi, burada farkı yaratacak olan senin seçimlerindir. Hangi seçimine ne kadar emek harcayacağındır. Gerisi zaten kendiliğinden çözülecek çünkü hayat her zaman hep senden yana... Benden yana... Bizden yana... Biz bunun farkında değiliz sadece çünkü çok hızlıyız. Çok telaşlıyız, agresifiz, stresliyiz, hastayız, yorgunuz...

Fazlasına ihtiyacın yok!

Fazla olan her şey için daha çok çalıştığını, daha çok yorulduğunu ve daha çok hastalandığını unutma...

Artık bir atasözüne dönüşen "Stres, bütün hastalıkların anasıdır" sözünü düşün ve hızlı bir hayat yaşamanın yoğun strese yol açtığını düşün... O halde sağlıklı bir hayatın nerede olduğu açık değil midir?

Elbette sakinlikte...

Hatta bu konuyla ilgili Anadolu Haber Ajansı'nda rastladığım bir haberi de paylaşmak isterim.

"Uzun ömrün sırrı sakinlikte mi gizli?" haberin başlığı...

İsviçre'deki Zürih Üniversitesi'nden bilimadamlarının yaptığı araştırma, sakin, çekingen ya da cesareti nispeten az farelerin, bedenlerini diğerlerinden daha iyi koruduğu ve böylece yaşam sürelerini uzattığını gösterdi.

Plos One Dergisi'nde yayımlanan araştırmada bilimadamları, 41 erkek ve 41 dişi fare üzerinde bir araştırma yaptı.

Her iki gruptaki farelerin 21'i, yaşam süresini yüzde 30 uzattığı sanılan haplotip t adı verilen gen gruplarına sahipti.

Bilimadamları, farelerin karakteri, cesareti, uyum sağlama özelliği ve beslenme alışkanlığını inceledikten sonra tek bir kromozom üzerinde bulunan haplotip t taşıyan dişilerin daha sakin, daha çekingen ve daha az yediğini gördü.

Bu farelerin, karakter özellikleri ve beslenme alışkanlıkları sayesinde enerjilerini koruyarak düşmanlarından kaçabilecek kadar "uyanık" olduğu, yaşam sürelerinin de uzadığı vurgulandı.

– AA

Hızlı At Bineceksen, Önce Yavaş Gideceksin

Hayatım boyunca aldığım en kıymetli tavsiyelerden biri ne olmuştur biliyor musun?

Bir at yetiştiricisinden işitmiştim. At binmeyi öğrenmek istediğimden ama hemen dörtnala koşmak istediğim için defalarca gelip gidemeyeceğimden söz etmiştim.

"Hızlı gitmek istiyorsan yavaş gitmelisin oğlum" demişti at yetiştiricisi...

"Nasıl yani?"

"Eğer dörtnala koşacaksan, yavaş gideceksin, başka yolu yok..."

Hayatımın dersi olmuştu bu bana...

Ne için acele ettiysem onu hiç başaramadığımı fark ettim sonra hayatımda. Sevmek için acele ettiysem sevilmedim mesela. Kazanmak için acele ettiysem kaybettim. Kutlamak için acele ettiysem hüsrana uğradım. Yetişmek için acele ettiysem geç kaldım hep...

Madem atla koşmak istiyordum o zaman yavaşlamam gerekecekti elbette...

Her Şeyi Kafasına Takanlar, Daha mı Çok Hastalanıyor?

"Kafana tokadan başka bir şey takma" diye bir duvar yazısı vardı eskiden.

Hayatımın mottolarından birine dönüşeceğini hiç tahmin bile edemezdim. Çünkü takıntılar kaygılara, kaygılar anksiyetelere yol açıyordur. Bütün bunların yoğun stresi yüzünden türlü çeşitli hastalıklara maruz kalıyordu insan...

Sahiden de kafana tokadan başka bir şey takmamayı öğretmelisin kendine. Aksi halde yavaşlaman mümkün değil...

"Bazen bırakmak,
asılmaktan veya kendini
savunmaktan çok daha
güçlü bir davranıştır."

– Eckhart Tolle

Her şeyi kafaya takmak kişilik yapısıyla ve kişinin psikolojik durumuyla ilgili bir mesele... Neden her şeyi kafaya taktığının kesin ve net bir cevabı yok ama uzmanlar bunun çoğunlukla depresyonla bağlantılı olduğunu düşünüyorlar. Depresyon, hızlı insanın, yani stresli ve kaygılı insanın çoğunlukla maruz kaldığı bir hastalık. Kendi hızını kendi kesemeyen, kendi başına yavaşlamayı beceremeyen kişiyi zihni bir şekilde yavaşlatıyor. Evet... Depresyonla yavaşlatıyor. Ancak ne var ki depresyonla derin düşünce hatta çoğunlukla takıntılı ve olumsuz düşünce doğuyor.

Her şeyi kafaya takmamak için, şimdiden makul önlemler alabilirsin tabii ki...

Nasıl mı?

- Her şeyi fazla abarttığını hatırlat kendine. Hiçbir şey abarttığın kadar olmayabilir çünkü...
- Hiçbir sorunu uzun zaman gezdirme zihninin içinde. İyi ya da kötü çöz ve bırak. Kötü bir karar, zihninin içinde bitmek bilmeyen bir sorunla dolaşmandan daha iyidir.
- İyi düşün iyi olsun. Zihnin her ne kadar kötü ihtimalleri hatırlatsa da, sen her şeye rağmen işin güzel yanı da var diye düşünmeye çalış...
- İyi hissetmek, şükretmektir demiştik ya... Kendini iyi hissetmek için başkasına iyi hissedebileceği bir şey ver. Mesela bir arkadaşına mesaja at ve "İyi ki varsın" de. "Bugün mutfak bende" de... Senin yaratıcılığına kalmış.
- Kendine bir sınır çiz... Düşünce sınırı... Bir limitin olsun ve düşüncelerin kotayı aştığı an ayağa kalk, yeni bir eylem seç kendine.

Dur, dinlen, sakinleş.

Onca emeğine rağmen hiçbir şey olmuyorsa sadece dur ve dinlen.

Yeterince yavaşlamadığın için gecikiyorsundur.

"Huzurlu bir yürek,
baktığı her köyde
kutlama görür."

– Hint Atasözü

Son Olarak

Kendini dinlemek, sakin olmak, sakince görmek, sakince anlamak, iletişim kurmak ve dinlenmek, toplumca karşılamayı unuttuğumuz ihtiyaçlarımız... Kitap boyunca sakinliğin neden önemli olduğunu anlattım. Her şeye gecikiyor olmamızın ve hastalanıyor olmamızın temel nedenlerinden biridir hız...

Lütfen kendini dinle.

Lütfen kendine zaman ayır.

Lütfen içindeki sese kulak ver.

Lütfen gürültüyü sonlandır.

Lütfen sosyal medyayla ilişkini limitle.

Lütfen sakinliğin ve sessizliğin gücüne inan.

Lütfen bir karar almadan önce dur, bekle, sakinleş.

Lütfen acele etme.

Lütfen sakin kal.

Çünkü yaşamak sakinlik ister.

Umarım kitap kalbine, ruhuna ve aklına iyi gelmiştir...

Sessizliğin, sakinliğin, sadeliğin gücüne inananlardan ol...

Hoşça kal...

KAYNAKÇA

Celal Odağ, *Nevrozlar*, Halime Odağ Psikanaliz ve Psikoterapi Vakfı Yayınları, İzmir, 2001, I/22; Ahmet Rıfat, *Tasvîr-i Ahlâk*.

Franz Kafka, *Aforizmalar*.

Aklinizikesfedin.com

Amazon.com/PR

Dinginliğin Gücü, Eckhart Tolle

İkigai Japonların Uzun ve Mutlu Yaşam Sırrı kitabı ve https://www.crs.or.jp/backno/No636/6362.htm

https://www.psikonet.com

medium.com

Yu Hua (Yaşamak)

İnsanca, F. Nietzsche

Osho – dingin ruh, gürültücü zihin

Hayatimdegisti.com

Wall Street Journal

Miyazaki, Kayoko W., Katsuhiko Miyazaki, and Kenji Doya. "Activation of dorsal raphe serotonin neurons is necessary for waiting for delayed rewards." *Journal of Neuroscience* (2012) DOI: 10.1523/JNEUROSCI.0915-12.2012

Boccaccio / Decameron

Goldberg, L. R. (1981). Language and individual differences: the search for universals in personality lexicons. In: L. Wheeler (Ed.). Review of Personality and Social Psychology, Vol. 2, pp. 141-165. Sage: Beverly Hills, CA.

Stephan, Y. (2009). Openness to experience and active older adults' life satisfaction: A trait and facet-level analysis. *Personality and Individual Differences*, *47*(6), 637-641.

Nitobe / *Savaş Sanatı*

Clerc, O. (2007). *La rana que no sabía que estaba hervida... y otras lecciones de vida*. Madrid: Maeva

Savater, F. (1995). Ética Como Amor Propio. Libro de Mano.

Smith, A., & Rodríguez Braun, C. (2004). La teoría de los sentimientos morales. El libro de bolsillo.

Boiling frog; https://en.wikipedia.org

Edward Wheeler Scripture; https://en.wikipedia.org/wiki/Edward_Wheeler_Scripture

https://youtu.be/TyBKz1wdK0M

https://drippingain.com/kaynayan-kurbaga-sendromu

https://youtu.be/TyBKz1wdK0M